Inventaire général des monuments et des richesses a

LE TOUR DU CHŒUR DE LA CATHÉDRALE DE CHARTRES

EURE-ET-LOIR

Textes
Françoise Jouanneaux

Photographies
Robert Malnoury

L'INVENTAIRE

Cet ouvrage a été réalisé par la Direction régionale des affaires culturelles du Centre
Service régional de l'Inventaire général
(Préfecture de Région)

Nous remercions vivement tous ceux qui ont facilité notre travail et tout particulièrement :
M. le chanoine Legaux, ancien recteur de la cathédrale, son secrétariat et les sacristains MM. Mariano, Pombero et Harfouche ; M. Trouilloud, conservateur de la cathédrale, MM. Morinière et Jourdan, agent de surveillance et caissier-régisseur de la cathédrale, Mme Capdeville et M. Stéfani du Musée des Beaux-Arts de Chartres, le service de documentation du département des Sculptures du Musée du Louvre et le personnel des Archives départementales d'Eure-et-Loir.

Direction de la publication
Christian Trézin

Enquête et textes
Françoise Jouanneaux

Photographies
Aldo Abbinante, Mariusz Hermanowicz, Robert Malnoury, José Martin, Sébastien Pons, François Velard

Carte et dessins
Myriam Guérid, Sébastien Pons

Conception et maquette
Sébastien Pons
avec la collaboration de Françoise Jouanneaux

Relecture
Geneviève Bresc-Bautier, Aline Magnien, Renaud Benoît-Cattin, Vincent Droguet, Christian Trézin

L'ensemble de la documentation est consultable au
Centre d'information et de documentation
Direction régionale des affaires culturelles
6 rue de la Manufacture
45043 Orléans CEDEX 01 - Tél : 02 38 78 85 69

Le Tour du chœur de la cathédrale de Chartres/Inventaire général des monuments et des richesses artistiques de la France. Région Centre.
rédaction : Françoise Jouanneaux
photographies : Robert Malnoury
Orléans : Association Régionale pour l'Étude du Patrimoine de la région Centre (AREP-Centre), décembre 2000
64 pages, ill. coul. et noir et blanc, 21 x 29,7 cm
Images du Patrimoine, ISSN 0299-1020 ; 204
ISBN 2-905813-27-X

Coédité par l'AREP-Centre Éditions
et la Société Archéologique et Historique de l'Orléanais
Dépôt légal : 4e trimestre 2000
Photogravure : Alpha Graphic
Impression : Imprimerie Nouvelle, Saint-Jean-de-Braye, Loiret

Couverture
Détail de l'ornementation de la claire-voie. Sixième travée sud, première section.

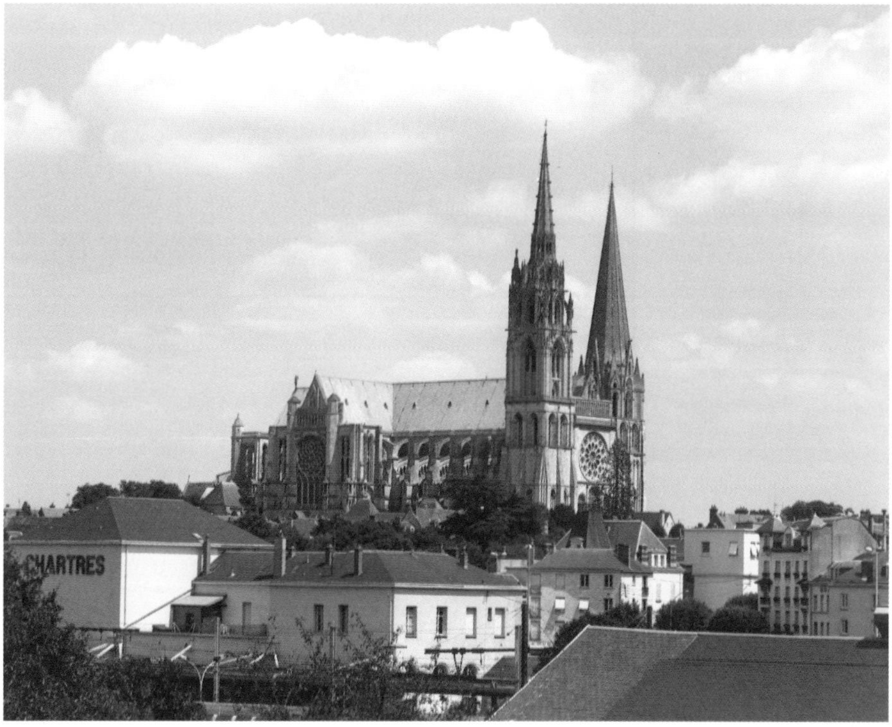

La cathédrale Notre-Dame de Chartres.

Expression d'un immense élan religieux et d'une profonde piété née du culte de la Vierge, la cathédrale Notre-Dame de Chartres demeure le modèle incontesté et universel de la cathédrale. La remarquable situation géographique qui permet d'apercevoir dans le lointain les deux flèches dissymétriques et cependant indissociables, l'implantation historique au cœur de la cité, l'architecture, témoignage exceptionnel de l'âge classique du gothique, la beauté sévère de la statuaire et luxuriante des reliefs des portails et des porches, traduction idéale de la pensée des théologiens des XIIe et XIIIe siècles, l'ensemble unique des vitraux anciens qui suscitent toujours la même admiration enthousiaste, confèrent à l'édifice depuis plus de huit cents ans une aura prestigieuse.

Toutes ces merveilles occultent la clôture de chœur, formidable ensemble monumental sculpté que le visiteur qui parcourt l'édifice remarque à peine. Certes, elle paraît mystérieuse, enveloppée de pénombre et éclairée de manière fugitive par les rayons du soleil matinal et par la flamme sans cesse renouvelée des bougies votives. Et pourtant elle a été pensée et conçue comme le joyau de la cathédrale, tel un hommage respectueux à Notre-Dame. Elle constitue un fabuleux livre d'images et d'histoires qui déroule en tableaux narratifs ses scènes religieuses dans un riche décor ornemental. Elle est le fruit de la collaboration du clergé, des artistes et de la population locale en une ardeur similaire à celle qui a présidé à la construction de la cathédrale elle-même ; elle reste une référence majeure dans l'histoire de la sculpture française du XVIe au XVIIIe siècle.

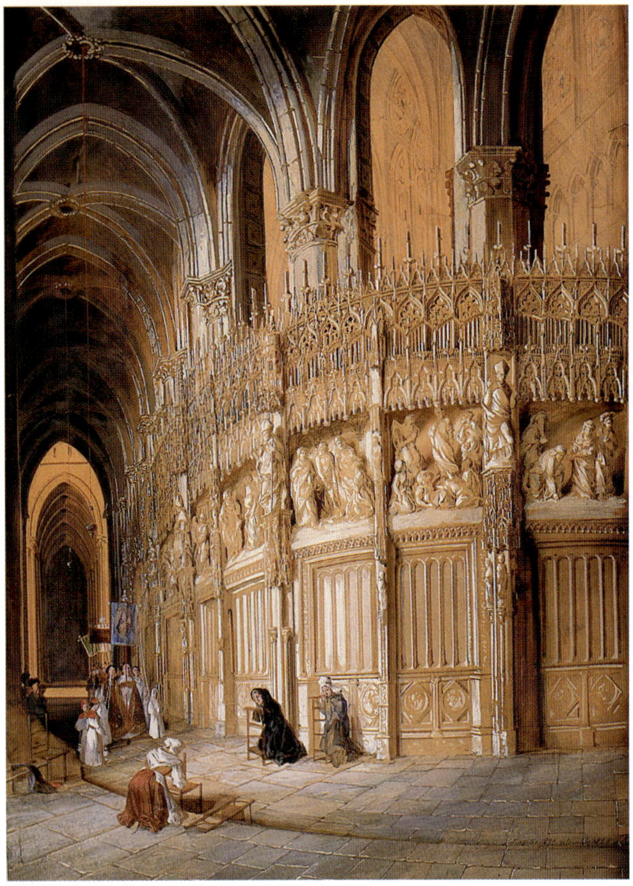

Intérieur de la cathédrale de Chartres, par James Roberts, 1837, aquarelle gouachée (Musée des Beaux-Arts de Chartres, Inv. 7049).

Fonction et historique des clôtures de chœur

La clôture de chœur est un mur ou une grille qui sépare le chœur liturgique des autres parties de l'édifice et qui complète généralement le jubé, sorte de clôture formant galerie surélevée établie en avant du chœur, généralement à la croisée du transept.

On ignore s'il existait des clôtures de chœur dans les premiers siècles du christianisme. Mais depuis le IVe siècle, sous le règne de Constantin, il est attesté que le chœur était distinct et isolé par des tapisseries ou des voiles, ou plus généralement par une balustrade percée de portillons d'accès.

C'est seulement dans le courant du XIIe siècle, qui voit la multiplication des offices divins, que le chœur est fermé par un véritable mur. Aux messes ordinaires viennent alors s'ajouter des offices dits « extraordinaires » : office de la Vierge ordonné par le pape Urbain II en 1195, office des morts pour le culte des défunts, messes votives, fêtes particulières et de confréries, récitations des psaumes. C'est sans doute moins pour les raisons de recueillement et de respect des mystères sacrés souvent invoquées, que pour se protéger de l'air glacial, que les chanoines qui officient tout le jour décident de s'isoler dans les chœurs. Le sanctuaire devient le domaine exclusif du clergé ; les laïcs, et surtout les femmes, ont l'interdiction d'y pénétrer sauf brièvement, pour y dire leurs prières ou pour communier.

Les clôtures sont d'abord légères et mobiles, puis fixes en pierre ou en bois : les stalles s'y appuient à l'intérieur du chœur. Seuls la nef et le déambulatoire dans lesquels sont fondées des chapelles secondaires destinées aux dévotions restent accessibles aux fidèles.

Au Moyen Âge et à la Renaissance, les clôtures constituent de véritables architectures historiées qui ferment complètement ou partiellement le chœur des grandes églises et des cathédrales. Elles seront édifiées jusqu'au XVIe siècle, puis le courant de pensée issu de la Contre-Réforme va se généraliser poussant le clergé à se rapprocher des fidèles en supprimant tout ce qui concourt à son isolement.

Les XVIIe et XVIIIe siècles détruisent massivement la plupart des clôtures à la fonction et à l'esthétique révolues ; elles sont généralement remplacées par des grilles, plus conformes au goût du temps qui affectionne les églises claires et lumineuses.

Il ne reste malheureusement que de rares exemples encore en place, telle la clôture de chœur de la cathédrale Notre-Dame de Paris terminée en 1351, ou l'ensemble unique du jubé et de la clôture du grand chœur de la cathédrale Sainte-Cécile d'Albi, achevé en 1500 et conservé dans son intégralité.

Le chœur de Chartres

À Chartres, plus que dans les autres cathédrales, le chœur est devenu très tôt le pôle central de l'édifice ; ses dimensions même témoignent de l'importance qui lui était accordée. Au cours des siècles, les chanoines au service de la cathédrale n'ont jamais cessé de le transformer, de l'aménager et de l'embellir.

Vue d'ensemble du côté sud, vers la nef.

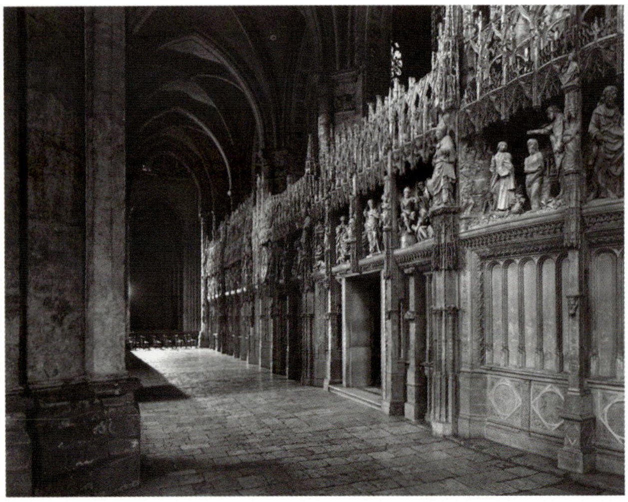

Vue d'ensemble du côté nord, vers la nef.

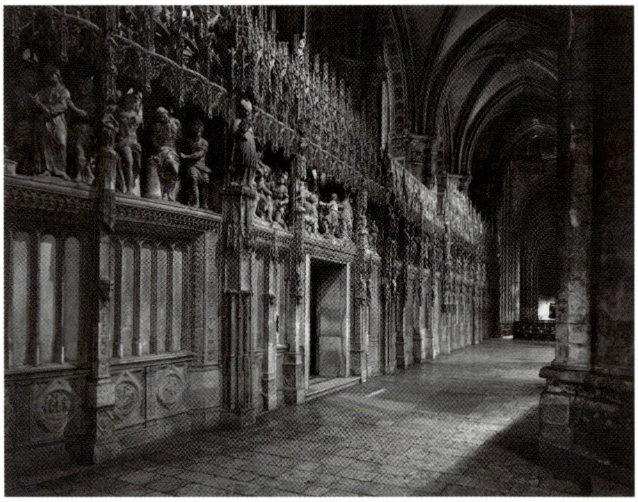

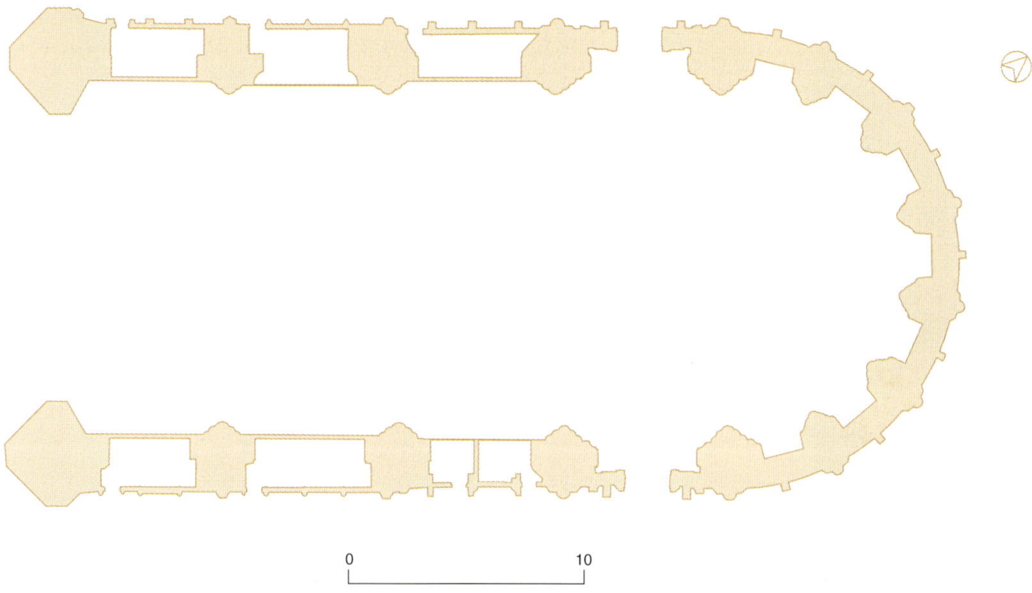

Plan régulier du Tour du chœur au niveau du sol.

Depuis le milieu du XIIIe siècle, le chœur est séparé de la nef par un jubé. Sa construction débute entre 1230 et 1240 pour s'achever avant 1260, année de la dédicace de la cathédrale.
Au XVe siècle, une clôture à claire-voie en bois existe déjà ; des dépenses sont engagées à l'automne 1415 pour y achever le percement et l'aménagement de chambres destinées aux marguilliers de la cathédrale, c'est-à-dire aux laïcs y exerçant une fonction. En 1482, le peintre parisien Pierre Patin doit en historier et peindre les panneaux et piliers. Cette première clôture est remplacée au début du XVIe siècle par l'actuelle clôture de chœur qui est seulement terminée en 1727.
Le jubé qui menace de s'écrouler depuis une trentaine d'années, malgré les nombreuses réparations, est démoli dans la nuit du 25 au 26 avril 1763. En 1770, un nouveau jubé le remplace, constitué d'une grille de ferronnerie flanquée de massifs en pierre ornés de reliefs figurant des vertus, des scènes de la Vie du Christ et des motifs floraux. Il sera lui-même démantelé en 1866.
Parallèlement, une transformation complète de la décoration intérieure et du mobilier religieux du chœur est entreprise de 1763 à 1789 sous la direction de l'architecte Victor Louis. Un placage en marbre et stuc est apposé sur les piliers et les entrecolonnements jusqu'au triforium, de fausses draperies ornent l'abside, et des bas-reliefs monumentaux sculptés par Charles-Antoine Bridan les murs des travées rectilignes. Les portes d'accès sont agrandies et fermées par des grilles, des stalles remplacent celles du XVIe siècle.

En 1991, le clergé décide de remodeler l'espace liturgique de la croisée du transept. Le sculpteur et orfèvre Goudji est chargé de concevoir et d'exécuter un mobilier moderne qui renoue avec la tradition des premiers temps chrétiens. Sur une estrade en pierre de Berchères, la pierre d'édification de la cathédrale, sont placés le maître-autel recouvert d'argent ou *Roc de Lumière*, la chaire épiscopale, les fauteuils des célébrants et un grand lutrin traité en pupitre pliant. Goudji réalise également un service d'autel en argent. Ce nouveau sanctuaire est consacré le 30 mai 1992.

Le Tour du chœur
Description générale

Le Tour du chœur, appellation communément donnée à Chartres à la clôture de chœur, constitue une véritable muraille de pierre sculptée. Il se dresse à plus de cinq mètres de hauteur en s'adossant aux piles et aux colonnes et se développe sur une centaine de mètres, enserrant la partie droite et l'abside du chœur. Ainsi isolé du reste de l'édifice, il n'est accessible que par la croisée du transept et par les deux portes latérales ouvrant sur le déambulatoire à la quatrième travée, au nord et au sud.

La construction est harmonieuse et régulière ; la lecture, qui s'effectue traditionnellement du sud au nord, est possible dans les deux sens, vertical et horizontal. En élévation, l'appui fourni par chaque support du XIIIe siècle est renforcé par un contrefort massif en saillie qui l'englobe entièrement et délimite naturellement des registres verticaux, ou travées, quinze au total sur le pourtour. L'épaulement est renforcé, dans chaque travée, par des petits contreforts qui subdivisent l'espace en sections. Celles-ci sont au nombre de quatre par travée droite et seulement de deux dans la courbure absidale, où les supports sont plus rapprochés en raison des contraintes architecturales.
La muraille enveloppante se trouve ainsi clairement rythmée par les gros contreforts portant des statues d'ecclésiastiques surmontées de dais et par les petits contreforts où se superposent plusieurs étages de statuettes.
Sur le plan horizontal, quatre niveaux se succèdent. Le soubassement, à la partie inférieure, forme le mur de soutènement ; il est souligné par une corniche à hauteur d'appui et orné de faux fenestrages ou de médaillons séparés par des pilastres. Au second niveau, s'élève l'ancienne claire-voie, au sobre décor dans les deux premières travées nord et sud et qui s'épanouit ensuite sur les pilastres, les montants et les corniches en un répertoire complet d'ornements décoratifs. Les ajours entre les meneaux sont aveugles, bouchés par des panneaux de plâtre. L'aspect primitif des ouvertures est conservé dans

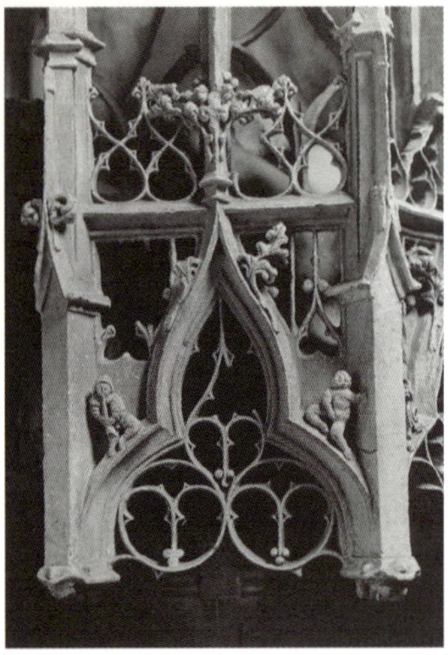

Petits musiciens, détail de l'ornementation des baldaquins. Première travée sud, troisième section.

l'ancienne chapelle Saint-Martin située dans la seconde travée méridionale. Au-dessus, la galerie majestueuse déroule la succession des niches individuelles dans lesquelles s'inscrivent les grands groupes sculptés. À la partie supérieure, les baldaquins, véritable dentelle de pierre habitée de petits personnages et d'animaux fabuleux, couronnent l'ensemble.
La structure interne est constituée, au nord et au sud, d'un mur double dans les deux premières travées, délimitant des espaces autrefois aménagés en chapelles. Dans la troisième travée, le mur qui était à l'origine un mur simple édifié vers le déambulatoire, fut doublé d'un second mur appuyé sur les dossiers des stalles placées à l'intérieur du chœur ; ces nouveaux espaces furent attribués aux marguilliers. À partir de la quatrième travée et dans la partie tournante, le mur est unique, d'une épaisseur variable, légèrement supérieure au mètre, et épaulé sur les deux faces par des petits contreforts.
La clôture est percée de portes, quatre au sud et trois au nord, qui donnent maintenant accès à des débarras. Au sud, la porte la plus proche de la croisée ouvrait sur l'escalier menant au réveille-matin (système de clochettes suspendues aux baldaquins des premières niches, qui tintaient les cantiques de la Vierge), la suivante dans la deuxième travée donnait sur la chapelle Saint-Martin, la troisième sur l'escalier menant au mécanisme de l'horloge astronomique, et la dernière, plus étroite, sur une chambre de marguillier. Aux deux premières travées nord après la croisée, les portes ouvraient sur les chapelles et, à la troisième, sur une chambre de gardien.

Ancienne chapelle Saint-Martin. Deuxième travée sud.

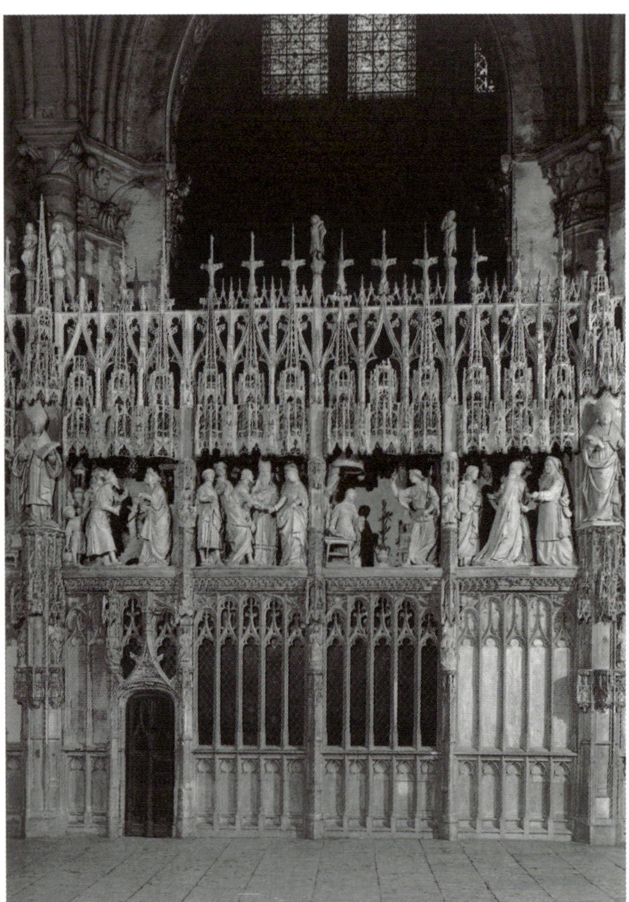

La travée du rond-point où passe l'axe de symétrie de la clôture rompt le rythme architectural et l'unité de l'ensemble. Si la partie inférieure est également ornée d'une claire-voie, l'espace situé au-dessus est dépourvu de baldaquins et ouvert sur le chœur. Jusqu'au XVIIIe siècle, l'épaisseur du mur qui forme une plate-forme servait à l'exposition de reliques de martyrs Chartrains. L'ouverture est maintenant obstruée par une épaisse maçonnerie. Au-dessus sont exposés des groupes et des statuettes de provenance inconnue dont une *Charité de saint Martin* qui pourrait provenir de l'autel de l'ancienne chapelle du Tour du chœur.
À l'étage médian, quarante scènes à plusieurs personnages ont pris place dans les niches : quatre dans les travées droites et deux dans les travées de la partie courbe du chœur, à l'exception de l'*Entrée du Christ à Jérusalem* qui se développe sur deux niches et de l'*Érection de la Croix* sur une niche double. Le fond est obturé, mais les niches sont ouvertes latéralement et communiquent entre elles. Il existe en outre, dans les deux premières travées méridionales, un espace suffisamment large pour laisser passer un homme, ce qui donne aux scènes une profondeur qui disparaît dans les

Tour du chœur de la cathédrale de Chartres, par James Roberts, XIXe siècle, aquarelle (Musée des Beaux-Arts de Chartres, Inv. 7050). Porte de l'ancienne chapelle Saint-Martin.

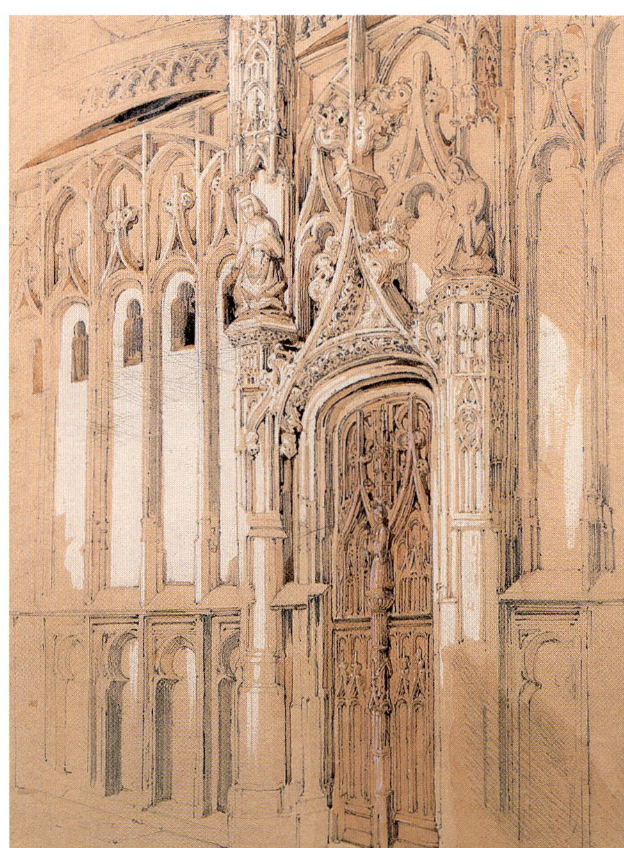

scènes suivantes. Le contraste est saisissant entre les niches aérées du sud et celles du nord encombrées de personnages.
Les niches sont sensiblement de mêmes dimensions, sauf celles plus étroites qui sont voisines de la croisée, en raison de la proximité du pilier qui mord sur l'espace. Les personnages sont figurés en petite-nature, c'est-à-dire d'une hauteur de 1,30 mètre à 1,40 mètre, la hauteur des niches sous voûte ne permettant pas d'introduire des figures grandeur nature.

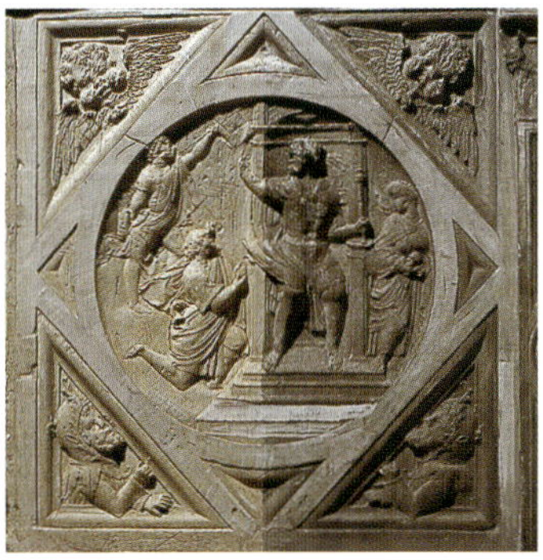

Sondage au laser qui restitue la couleur originelle de la pierre. Sixième travée sud, soubassement.

En 1683, dans son *Histoire de l'auguste et vénérable église de Chartres,* l'historien Vincent Sablon écrit que la construction est faite « *d'une pierre fort blanche et polie, taillée et cizelée d'un ouvrage exquis, enrichie d'images, d'hieroglyphes et d'autres rares artifices* ». Les qualités recherchées des pierres employées sont toujours les mêmes : finesse, blancheur et tendreté. Quelques carrières d'origine sont connues : Tonnerre (Yonne), Saint-Aignan (Loiret), Marboué (Eure-et-Loir) et Vernon (Eure). La polychromie n'a semble-t-il jamais été envisagée : les textes, pourtant précis, des commandes n'en font pas mention et l'examen des œuvres n'en révèle aucune trace.

Aspect d'origine

Le Tour du chœur a été conçu pour être traversé et éclairé par le jour, d'un côté du déambulatoire à l'autre. La claire-voie était ajourée et sa face tournée vers l'intérieur du chœur, sculptée avec la même finesse sur toute la hauteur des meneaux. Des statuettes ornaient également le revers des contreforts ; enfin les niches des grands groupes, alors appelées arcades, étaient ouvertes sur le chœur et les statues visibles de dos créaient d'extraordinaires jeux d'ombres et de lumières.

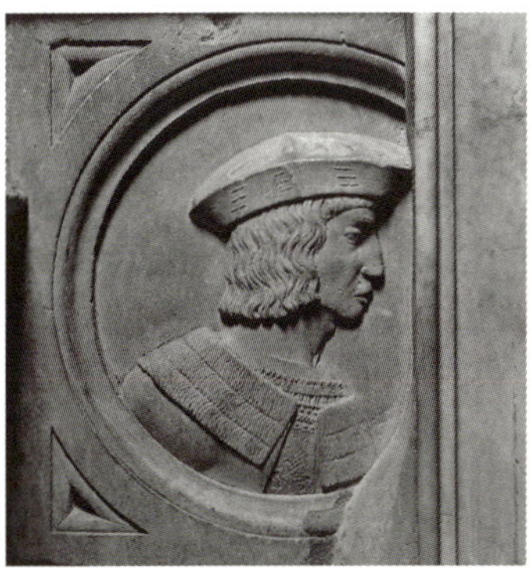

Le roi Louis XII de profil, portrait présumé. Douzième travée nord, soubassement.

Chronologie

Commencé sous le règne de Louis XII, il est certain que le Tour du chœur a été réalisé selon un plan et un programme iconographique fixés dans les premières années de sa conception. Les modifications ultérieures ont essentiellement concerné l'abandon, après 1521, du style gothique adopté dans les deux premières travées, au profit du séduisant style Renaissance récemment apparu, le déplacement, pour des motifs liturgiques, des portes d'accès au chœur de la troisième à la quatrième travée, et le remplacement, en raison de contraintes matérielles, de quelques groupes qui ne trouvaient pas leur place. Toutefois, aucune modification fondamentale dans la structure ni dans la mise en image n'est intervenue, les décisions prises par le chapitre cathédral dans le premier quart du XVIe siècle ont été respectées jusqu'à l'achèvement des travaux deux cents ans plus tard en 1727, après la mort de Louis XIV. Ce fait est exceptionnel compte tenu de l'ampleur de la réalisation et de la longueur des travaux.

Lancé dans les premières années du XVIe siècle, le projet est déjà avancé en 1510 ; offres et devis durent être présentés dès cette date. Le 11 octobre, un document perdu signale qu'un « *maçon* » (c'est-à-dire un maître-d'œuvre) du nom de Guillaume Charpentier propose ses compétences au chapitre. Le 19 décembre 1513, la décision est prise de faire construire la clôture en pierre par les soins d'un maçon. Le choix se porte naturellement sur Jehan de Beauce, qui a assuré la direction de la construction du clocher nord, achevée en août précédent. Ce clocher gothique flamboyant est une véritable réussite architecturale et esthétique.
Les travaux débutent très vite ; la maçonnerie générale est montée à partir de la croisée, d'abord du côté nord, puis conjointement des deux côtés pour se rejoindre à l'abside. En septembre 1514, les travaux sont déjà avancés : François Dugué, tailleur de pierre qui a travaillé au clocher, commence la décoration de la chapelle Saint-Guillaume la plus proche du transept, au nord.

Quatre chapelles sont ménagées entre les deux murs, de chaque côté aux première et deuxième travées. Au nord, la chapelle Saint-Guillaume est terminée pour la Pentecôte 1515, la suivante dédiée à Saint-Jean l'Évangéliste le 18 janvier 1517. Au sud, dans la première travée, la chapelle Saint-Lubin à laquelle on accède alors librement par une baie pratiquée à la troisième section, maintenant condamnée, est dédicacée vers la fin de l'année 1519 et la chapelle Saint-Martin, dont la porte flamboyante s'orne d'une figurine de Vierge à l'Enfant, vers 1521.

Jehan Texier dit Jehan de Beauce
Sculpteur et architecte connu dès la fin du XVe siècle, Jehan de Beauce est probablement alors établi dans le Maine : un *Jehan Texier, maçon,* est cité dans les comptes de la ville du Mans en 1474. Il travaille ensuite à l'abbaye de La Trinité de Vendôme. En 1506, il est appelé à Chartres pour diriger la construction du clocher nord de la cathédrale. Après l'achèvement des travaux en 1513, le chapitre lui confie la conception de l'architecture de la clôture de chœur, ouvrage considérable qu'il n'aura pas le temps de terminer, et la direction des travaux. En même temps, il reçoit la commande de l'élégant pavillon de l'Horloge qui abrite le mécanisme de fonctionnement du timbre (sorte de cloche qui sonne les heures) placé dans le nouveau clocher. En 1529, il meurt à Chartres, où il s'était définitivement installé, laissant le souvenir d'un grand architecte au service de la cathédrale.

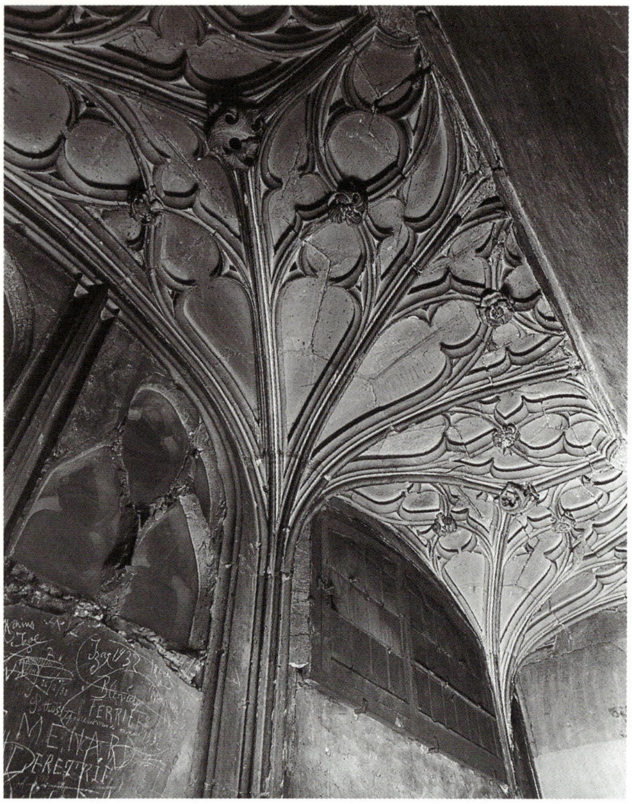

Voûte de l'ancienne chapelle Saint-Guillaume. Première travée nord.

Parallèlement, les grandes scènes sculptées sont mises en place. Les huit groupes des deux premières travées nord, de l'*Apparition du Christ à sa mère* au *Couronnement de la Vierge,* sont installés à la fin de l'année 1516. Ceux qui leur font pendant au sud, de l'*Annonce de la naissance de la Vierge à son père Joachim* à l'*Annonciation,* sont exécutés par Jehan Soulas entre 1519 et 1521 en même temps que les statuettes des contreforts.

Dès 1521 et jusqu'en 1535 environ, une équipe de sculpteurs cisèle le décor du soubassement et de la claire-voie. Des dates, environ vingt-cinq sur le pourtour, gravées dans des cartouches, parfois très discrètement, rappellent leur passage et permettent de suivre la conduite des travaux. *1521* portée à la quatrième travée méridionale est la date la plus ancienne, *1529* qui apparaît plusieurs fois dans la travée voisine de l'abside constitue la date extrême. En 1527, deux escaliers étroits en vis sont construits au sud dans la clôture. Ils s'ouvrent dans le déambulatoire sur deux portes flamboyantes. La première porte près de la croisée permet d'accéder à l'escalier du réveille-matin. La seconde, percée sous le cadran, à la troisième travée, mène au mécanisme de l'horloge astronomique. D'après une délibération capitulaire du 2 janvier 1527, il semble que cette horloge ait été la première installée dans la cathédrale. Terminée vers 1528 et totalement intégrée dans la clôture, elle est dotée d'un mécanisme sophistiqué, issu en ligne directe des grandes innovations scientifiques de la Renaissance. Le mécanisme et le cadran polychrome tenu par deux anges sont placés au niveau des grandes scènes et la cage d'escalier est masquée par un magnifique décor. L'escalier (détruit) était éclairé par la minuscule fenêtre grillée qui a conservé sa ferronnerie d'origine. Le cadran et le décor se voient toujours ainsi que la partie haute de l'escalier situé à l'arrière.

1527, date gravée dans un cartouche de la claire-voie. Onzième travée nord, première section.

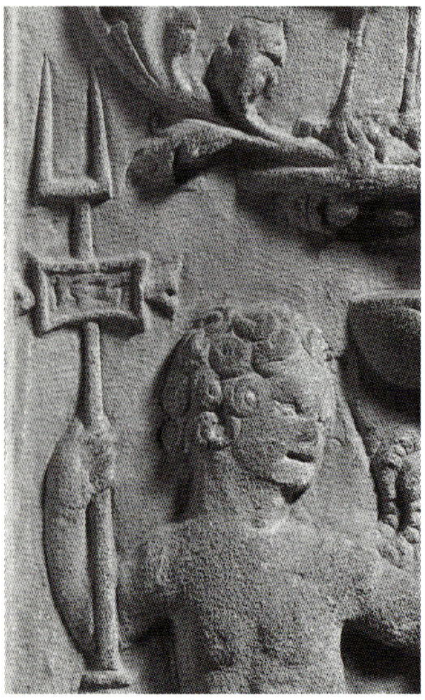

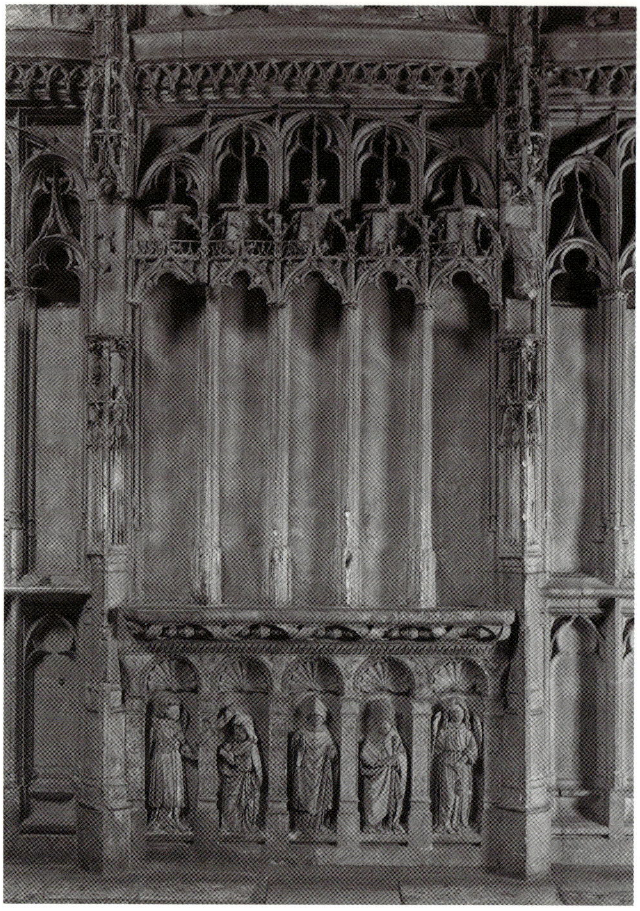

Ancienne porte d'accès à la chapelle Saint-Lubin, maintenant bouchée par l'ancien autel. Première travée sud.

À la mort de Jehan de Beauce en 1529, le chœur est clos.

La jonction définitive s'est opérée aux quatrième et cinquième travées méridionales. Mathurin Delaborde, peut-être l'associé de Jehan de Beauce, lui succède comme maître d'œuvre. Il eut probablement une certaine notoriété sur le

Jehan Soulas

Établi à Paris au début du XVIe siècle, Jehan Soulas travaille en 1503 à l'église Saint-Germain-l'Auxerrois sur un monument aujourd'hui disparu. Le contrat le nomme *maître ymagier*. En 1519, il est appelé à Chartres et réalise les premiers groupes situés du côté sud de la clôture de chœur ; il y reste probablement jusque dans les années 1535. Il meurt avant 1542. En dehors de quelques dates et des ouvrages de Chartres, on ignore tout de sa vie et de ses autres réalisations. Stylistiquement, Jehan Soulas s'inscrit dans la période de transition du XVe siècle à la Renaissance.

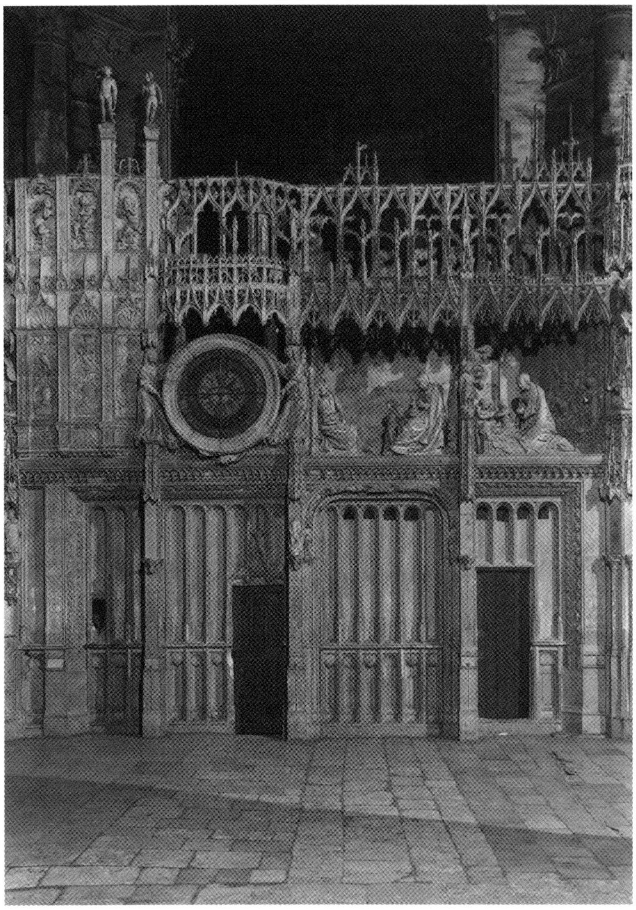

Ensemble de l'horloge astronomique et arcature en anse de panier surmontant l'ancienne baie d'accès au chœur. Troisième travée sud.

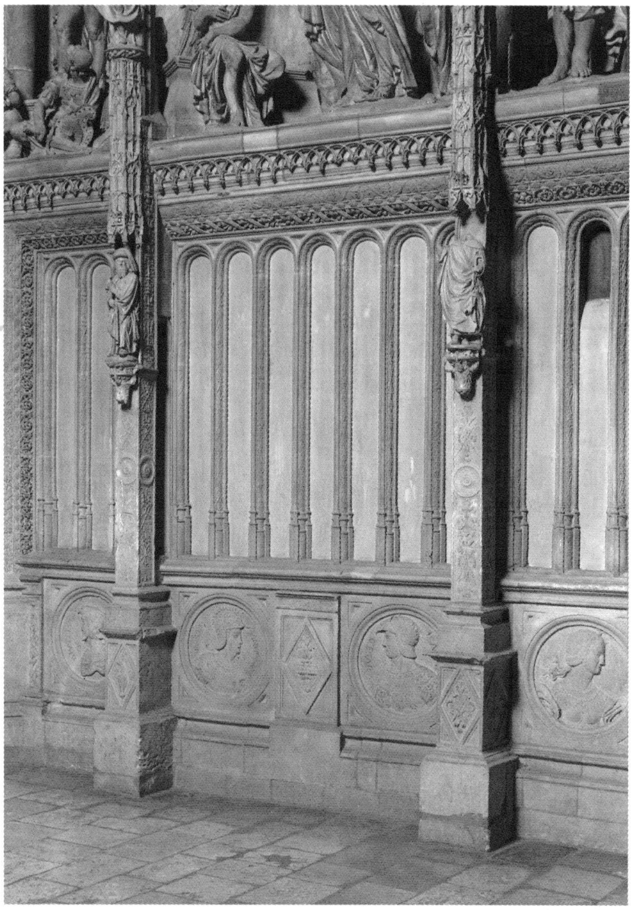

Ancienne porte d'accès au chœur. Treizième travée nord, deuxième section.

plan local puisqu'il est nommé deux ans plus tard maître des maçons de la ville de Chartres et de ses environs.
Au début des années 1520, l'intérieur du chœur subit des modifications et de nouvelles stalles sont placées dans les deux premières travées. Une dizaine d'années plus tard, leur nombre est déjà insuffisant et des stalles supplémentaires sont ajoutées dans le prolongement, à la troisième travée. Les accès latéraux au chœur sont alors situés dans cette même travée, la porte septentrionale se trouvant sensiblement en face de la porte de la sacristie. Après l'installation des nouvelles stalles en 1531, les portes sont déplacées à la quatrième travée et les anciennes sont bouchées. Il est cependant aisé de retrouver leur situation primitive. Au sud, l'ancienne ouverture coïncide avec la baie surmontée d'un arc en anse de panier, le seul de la clôture, orné de statuettes. Au nord, la section qui comporte au soubassement deux médaillons séparés par un large pilastre correspond à son emplacement.
En 1542-1544, deux groupes sculptés par François Marchand, la *Présentation de Jésus au Temple* et le *Massacre des saints Innocents,* sont placés sur le côté sud.

Le cadran de l'horloge astronomique. Troisième travée sud.

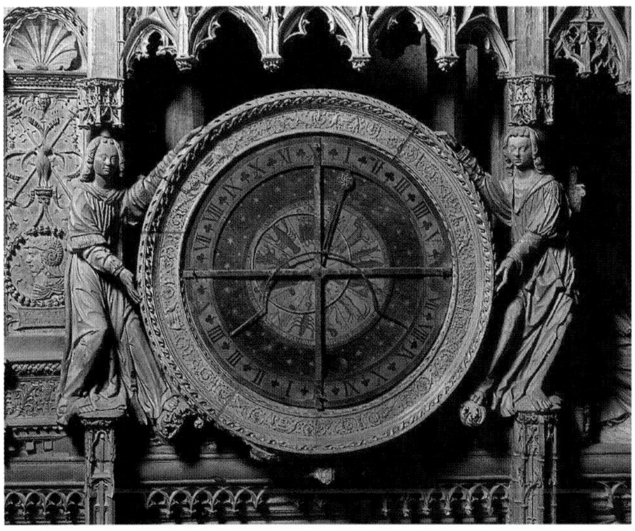

Au milieu du XVIe siècle, le visiteur pouvait admirer le Tour du chœur déjà très avancé. Le décor du soubassement et de la claire-voie était achevé sur tout le pourtour, plus de vingt grandes scènes surmontées des baldaquins étaient en place dans les arcades ainsi que l'ensemble des statuettes des contreforts dans les travées terminées.

Peu à peu, les dernières grandes scènes prennent place dans les niches : dans la seconde moitié du XVIe siècle, le groupe anonyme du *Baptême du Christ,* puis de 1610 à 1612, sept scènes de la Vie publique et de la Vie du Christ ressuscité sculptées par Thomas Boudin. En 1678-1679, Jean Dedieu, puis en 1681-1683 Pierre Ier Legros réalisent les groupes de la *Femme adultère* et de la *Guérison de l'aveugle-né.* Au début du XVIIIe siècle, l'installation de l'*Entrée du Christ à Jérusalem* par Jean-Baptiste II Tuby et les groupes de la Passion du Christ par Simon Mazière, quelques années plus tard, marquent l'achèvement de cette œuvre monumentale.
La construction des baldaquins, commencée dans la deuxième décennie du XVIe siècle, s'étendra sur deux siècles et se terminera en même temps que la clôture. Sans doute

travaillait-on à la fois sur les grands groupes et le décor supérieur dans une même travée.
La réalisation d'une telle entreprise a exigé un énorme effort financier, principalement de la part des chanoines du chapitre qui n'ont pas hésité à engager leurs biens personnels. En 1516, ils demandent l'aide du pape qui promulgue des indulgences en faveur de ceux qui viendront prier à Chartres et laisseront une offrande. La même année est fondée la confrérie de Notre-Dame, dont les cotisations servent à l'entretien de l'édifice. La clôture a bénéficié en outre de la générosité de donateurs anonymes tout au long de son édification.
La longueur des travaux s'explique en partie par les vicissitudes des temps : guerres, famines, accidents et intempéries qui les ralentissent, les arrêtent, ou engloutissent les fonds dont dispose le chapitre dans des opérations plus urgentes. La clôture de chœur, bien que d'une extrême valeur aux yeux du clergé et des Chartrains, n'était qu'un embellissement secondaire en comparaison de la sauvegarde de l'édifice.

Les grands groupes

Pour réaliser les grandes scènes, le chapitre ne fait appel qu'à des artistes reconnus et appréciés, ymagiers ou sculpteurs, qui évoluent dans le milieu parisien. Ceux-ci ont peu d'initiative et de libre choix dans l'exécution des travaux : les quatre marchés qui subsistent, témoignent de la précision et de la prudence avec lesquelles les chanoines rédigeaient les termes des contrats. Ils étaient minutieusement établis, des descriptions écrites et des dessins des scènes à exécuter étaient souvent joints aux commandes.
Le chanoine Michel Manterne, chargé de concevoir le programme iconographique, opte dans un premier temps pour

François Marchand
Né à Orléans vers 1500, fils du sculpteur Aubert Marchand, François Marchand également *ymagier* travaille d'abord dans sa ville natale où il restaure en 1542 une statue de Jeanne d'Arc. La même année, il conclut un contrat avec le chapitre de la cathédrale de Chartres pour la réalisation de deux groupes et d'un relief de la clôture de chœur, puis il décore le jubé et l'autel de l'église abbatiale de Saint-Père-en-Vallée (dont quelques éléments sont conservés au Musée du Louvre et au Musée des Beaux-Arts de Chartres). Il s'installe ensuite à Paris où, sous la direction de Philibert De l'Orme, il prend en charge la sculpture des statues du tombeau de François Ier et de Claude de France. Il meurt, probablement à Paris, en 1551. Il s'inspire profondément de l'antique et est parfois tenté par des recherches sur les drapés et les attitudes.

Thomas Boudin
Né à Paris vers 1570, fils de Guillaume Boudin, menuisier ou huchier, c'est-à-dire sculpteur sur bois, Thomas Boudin s'initie très tôt à la technique de la taille du bois. Mis en apprentissage chez le sculpteur Mathieu Jacquet en 1584, il étend sa formation à la sculpture de la pierre et du marbre. Il commence sa carrière à la Cour en 1606 et devient sculpteur du roi. À l'exception d'un séjour de deux années à Chartres où il sculpte sept groupes pour la clôture du chœur de la cathédrale, il travaille pour l'hôtel de ville et diverses églises de Paris et à l'abbaye royale de Saint-Denis. Il meurt à Paris en 1637. Thomas Boudin mêle à un certain réalisme des figures, une recherche exprimée dans la multiplicité des détails vestimentaires et le bouillonnement des drapés. Il se situe dans le courant maniériste tardif.

Jean Dedieu
Né en 1646 à Arles, fils d'un menuisier, il se forme d'abord dans sa ville natale, passe deux années à Rome pour étudier les chefs-d'œuvre puis entre dans l'atelier de Michel Péru en Avignon en 1664. Il travaille à l'hôtel de ville d'Arles quand il est appelé en 1678 à Chartres. Il se fixe ensuite à Paris, devient sculpteur de Louis XIV, et travaille pour l'hôtel des Invalides et pour les châteaux royaux de Versailles, de Trianon et de Marly. Il est agréé à l'Académie royale de peinture et de sculpture en 1687 mais n'est jamais reçu académicien. Il meurt en Arles en 1727. Jean Dedieu était un « honnête homme », modeste et dédaignant les honneurs, sans querelle connue avec ses confrères, grand ami de Pierre Puget. Son ciseau, sensible et expressif, rend vivantes ses sculptures dans une esthétique qui est celle du règne de Louis XIV.

Pierre Ier Legros
Pierre Ier Legros naît à Chartres en 1629. Élève du sculpteur Jacques Sarazin, il est agréé à l'Académie royale de peinture et de sculpture en 1663, devient académicien en 1666 puis professeur en 1702. Nommé sculpteur du roi, il travaille principalement à la décoration du château et du parc de Versailles et meurt à Paris en 1714. Sa sculpture vigoureuse marquée par le retour à l'antique s'inscrit parfaitement dans l'art de la Cour de Louis XIV. Il est le père du sculpteur Pierre II Legros qui fit sa carrière à Rome.

Jean-Baptiste II Tuby
Jean-Baptiste II Tuby, fils du sculpteur Jean-Baptiste Tuby dit le Romain, naît en 1669. Il travaille à Paris et aux châteaux royaux de Versailles et de Marly. Il meurt en 1735. Sa carrière est courte et peu remplie, principalement consacrée à des sculptures décoratives.

Simon Mazière
Né à Pontoise en 1648, dans une famille de sculpteurs, il est mentionné dans les comptes des bâtiments de Louis XIV à partir de 1679. Bien qu'il n'ait pas suivi le parcours académique, il travaille aux châteaux royaux : à Versailles, Marly, Meudon et Fontainebleau, pour lesquels il sculpte principalement des décors de jardin, et à Paris, à l'hôtel des Invalides. Il consacre presque toute son activité aux commandes officielles et meurt à Paris probablement vers 1722.

des récits tirés de l'Ancien Testament répartis en quarante scènes dans les niches et vingt-huit médaillons au soubassement. Le projet concernant les groupes est rejeté dès mars 1515 en raison d'un incident survenu dans la cathédrale. Un placard, dont le contenu est jugé hérétique, est apposé sur un pilier semant l'effroi et le doute. Dans le but de renforcer le culte marial menacé, les chanoines décident de consacrer l'ensemble des groupes à l'Histoire de la Vierge, thème de prédilection du XVIe siècle.

Une sélection des scènes est réalisée dès l'élaboration du programme et sans doute choisit-on les épisodes les plus didactiques. Néanmoins, des changements et des ajustements seront fréquemment nécessaires, liés à l'exiguïté des niches trop étroites ou trop basses pour abriter des scènes de grande envergure, telles la *Cène* ou la *Crucifixion* pressenties et non réalisées.

Malgré une évidente évolution artistique due à la durée de la construction, il est manifeste que les chanoines ont toujours souhaité conférer à l'ensemble une réelle unité et les sculpteurs se sont efforcés de respecter les principes de la conception initiale. Le marché passé avec François Marchand en 1542 stipule en effet que le sculpteur doit représenter les figures « *de la grandeur et haulteur de celles que a faict par cy devant, audit tour du cueur, deffunct maistre Jehan Soulas, et aussi bonnes ou meilieures que icelles, tant au plain que à la taille* ». Plusieurs scènes exécutées entre 1713 et 1716 par Simon Mazière présentent un caractère nettement archaïque, ce qui situerait volontiers leur exécution un siècle plus tôt.

Les influences et les sources d'inspiration sont variées. Les premières scènes au nord gardent encore un esprit nettement médiéval, les influences germaniques et de la Renaissance italienne sont présentes et se côtoient parfois dans une même scène. Le maniérisme tardif est sensible dans les groupes exécutés au XVIIe siècle par Thomas Boudin. Les sculpteurs se sont souvent inspirés des peintres anciens dont les œuvres ont été largement popularisées par les gravures.

Le cycle narratif qui se déroule du sud au nord débute par l'*Annonce de la naissance de Marie* faite à ses parents pour s'achever par son *Couronnement au Ciel* et son Triomphe aux côtés de la Sainte Trinité. Après la *Nativité,* la Vie du Christ vient se superposer à la Vie de la Vierge et celle-ci disparaît des représentations. Elle est de nouveau figurée dans les scènes postérieures à la Crucifixion. Paradoxalement, la chronologie de l'exécution ne correspond pas à celle de l'histoire puisque les premières scènes réalisées concernent les derniers instants de la Vierge.

Les scènes placées dans la première travée sud relatent les épisodes qui constituent le prélude de la naissance de la Vierge : l'*Annonce de sa naissance à son père Joachim* puis *à sa mère Anne,* sa conception merveilleuse lors de leur *Rencontre à la Porte Dorée* de Jérusalem et les instants qui suivent immédiatement sa *Naissance.* Ces quatre groupes sont exécutés par Jehan Soulas en pierre de Tonnerre. Le contrat passé le 2 janvier 1519 prévoit que les statues seront sculptées dans son atelier parisien et mises en place dans l'année à ses frais. Se succèdent ensuite les groupes de la *Présentation de la Vierge au Temple,* de son *Mariage avec Joseph* et de l'*Annonciation* de la naissance du Christ par l'archange Gabriel commandés le 3 mars 1520 de nouveau à Soulas et terminés dans les premiers mois de 1521. L'existence de ce marché est connue par Estienne, chanoine de la cathédrale à la fin du XVIIe siècle, qui le signale dans un document perdu.
Les cinq représentations suivantes, dont les contrats de commande ne nous sont pas parvenus, possèdent des analogies stylistiques évidentes avec les précédentes. Elles peuvent être attribuées sans conteste à Soulas et probablement exécutées entre 1521 et 1535. Avec la *Visitation* et le *Songe de Joseph* s'achève la période d'attente de la naissance de Jésus. La *Nativité* et le relief de l'*Annonce aux bergers,* la *Circoncision* et l'*Adoration des Mages,* scène après laquelle la Vierge va s'effacer derrière son Fils, sont les premiers moments de la Vie terrestre du Christ.
Jehan Soulas est un ymagier auquel on demande de reproduire des images et non de les créer. Des descriptions précises et des cartons lui sont fournis qu'il devra remettre à la livraison pour comparaison. Il sculpte avec un réalisme naturel ses personnages qu'il représente dans leur cadre quotidien en des scènes intimistes. Sa technique est éprouvée et son talent lui permet de reproduire fidèlement le mobilier, les accessoires et les éléments du costume.
Après une interruption d'une dizaine d'années, la *Présentation de Jésus au Temple* et le *Massacre des saints Innocents* sur ordre du roi Hérode, ainsi que le bas-relief de la *Fuite en Égypte* sculpté sur le pilier, sont placés dans les deux dernières niches de la quatrième travée. Le sculpteur François Marchand en a reçu la commande le 12 septembre 1542 ; l'exécution est brillante et témoigne d'une technique accomplie.
Le cycle de la Vie publique commence avec le *Baptême du Christ* ; l'auteur en est inconnu et le groupe fut longtemps

Sources de l'iconographie mariale
La Vierge Marie qui occupe une place privilégiée dans le culte catholique, ne figure que très modestement dans les quatre Évangiles canoniques. Ceux-ci ne mentionnent rien sur sa naissance et ses années de jeunesse, sur ses derniers instants et sa mort. Les noms même de ses parents restent inconnus. Elle apparaît pour la première fois dans un texte saint au moment de l'*Annonciation,* prélude à sa mission, et seulement dans l'Évangile de Luc ; son rôle est effacé durant la vie du Christ et seul Jean rapporte sa présence au pied de la Croix ; rien n'atteste qu'elle soit aux côtés des disciples lors de l'*Ascension* et de la *Pentecôte.* L'histoire de sa vie trouve son origine dans l'imagination populaire. Et ce sont les textes apocryphes écrits dans les premiers siècles du christianisme et popularisés au XIIIe siècle, en particulier par Jacques de Voragine dans *La Légende Dorée,* qui ont rapporté ces traditions orales. Sa vie, en grande partie calquée sur celle de son Fils, est cependant marquée d'un esprit familier, loin du sentiment religieux qui imprègne la vie du Christ.

attribué sans certitude à Nicolas Guybert. Probablement mis en place dans la seconde moitié du XVIe siècle, il s'inscrit dans la tradition de l'École française issue de la Renaissance. C'est une œuvre belle et fine, réalisée par un sculpteur de talent.

Les trois *Tentations dans le désert*, le Miracle de la fille de la *Cananéenne* et la *Transfiguration,* sont sculptés en pierre de Saint-Aignan par Thomas Boudin en 1611-1612. Il est le seul sculpteur à travailler des deux côtés de la clôture, du côté nord d'abord pour les scènes de la Résurrection, puis du côté sud pour ces trois groupes.
Il faut attendre plus d'un demi-siècle pour admirer le superbe groupe de la *Femme adultère* réalisé par Jean Dedieu en 1678-1679. Il est étonnant que cet Arlésien ait été appelé à Chartres alors qu'il se trouvait en Provence. Il jouissait sans doute déjà d'une solide réputation ; il existait en outre depuis le XIIIe siècle une tradition d'artistes provençaux venant travailler au décor de la cathédrale.
Le groupe de la *Guérison de l'aveugle-né* est réalisé quelques années plus tard en 1681-1683 par Pierre Ier Legros, Chartrain de naissance. La belle scène de l'*Entrée du Christ à Jérusalem* par Jean-Baptiste II Tuby est installée au printemps 1705 malgré la destruction d'une statue tombée au cours de la pose et qu'il fallut rapidement refaire.

Simon Mazière est le sculpteur de la Passion du Christ. Il réalise les sept scènes les plus dramatiques, dont la grande représentation de l'*Érection de la Croix* placée au-dessus de la porte nord d'accès au chœur. Comme dans le cas de Thomas Boudin, le choix des scènes de la première commande n'a pas respecté la chronologie du récit. L'*Agonie du Christ au jardin de Gethsémani,* le *Baiser de Judas* et *Jésus comparaissant devant Pilate* datent de 1716, la *Flagellation* est posée en 1713, le *Couronnement d'épines* en 1715, l'*Érection de la Croix* et la *Déploration* occupent les niches en 1714.
Thomas Boudin exécute en 1610-1611 les quatre scènes de la treizième travée : la *Résurrection*, les *saintes Femmes au Tombeau* et les scènes de l'*Apparition aux Pèlerins d'Emmaüs* et de l'*Apparition à saint Thomas*.
Aux dernières travées nord, deux scènes figurent les ultimes moments de la Vie terrestre du Christ avec l'*Apparition à sa mère,* à la fois retrouvailles et adieu, et l'*Ascension*. Les derniers groupes sont dédiés à la Vierge : la *Pentecôte,* point de départ de la mission des Apôtres, l'*Adoration de la Croix* et les derniers instants, la *Dormition*, les *Funérailles,* puis la *Résurrection* et le *Couronnement*. Terminées en 1516, ces huit scènes qui achèvent le récit, dénotent une sécheresse encore très médiévale. Elles furent en fait les premières sculptées, probablement par l'un des tailleurs de pierre ayant travaillé aux sculptures ornementales du clocher nord.

Les figures secondaires

Les statues
Les gros contreforts portent de majestueuses statues d'ecclésiastiques couronnées de dais, mises en place peu à peu. Dieu le Père, le premier au sud à la croisée, coiffé de la tiare et tenant le globe du monde, semble inviter le fidèle à la révélation des Mystères. L'évêque Fulbert, près du rond-point, présente le plan de la cathédrale du XIe siècle, dont il fut le bâtisseur. Thomas Boudin, seul sculpteur connu de ces grandes figures, exécute en 1611 l'évêque situé entre la *Résurrection* et la *Déploration.*

Les statuettes
Le choix des statuettes, toutes anonymes, qui se superposent dans les travées ne semble pas obéir à un programme iconographique précis mais elles illustrent, en dépit du nombre élevé de personnages disparus, la société contemporaine de leur exécution : magistrats de la cité, bourgeois respectables, prêtres et religieuses, pèlerins, femmes pleurantes drapées à l'antique, anges, Vices et Vertus.

L'ornementation

L'ornementation du soubassement et celle de la claire-voie se complètent si parfaitement qu'il est certain que les deux niveaux font partie de la même campagne de construction. Le choix des sujets s'inscrit dans le courant artistique qui a assimilé les influences rapportées d'Italie par Louis XII et François Ier.
Le décor trop souvent méconnu de la claire-voie est un témoignage idéal du riche décor fleuri de la première Renaissance. Les ornements décoratifs, sculptés en relief plus ou moins accusé, se mêlent en une inépuisable luxuriance : motifs de candélabres, grotesques, dauphins et chevaux marins, vases et cornes d'abondance, animaux fabuleux, satyres et naïades enlacés dans des rinceaux, des rubans et des guirlandes. Sur le plan local, l'ornementation de la claire-voie est proche du décor de l'escalier, terminé en 1520, de l'aile Longueville du château de Châteaudun.

Éléments décoratifs de la claire-voie.
Treizième travée nord, première section.

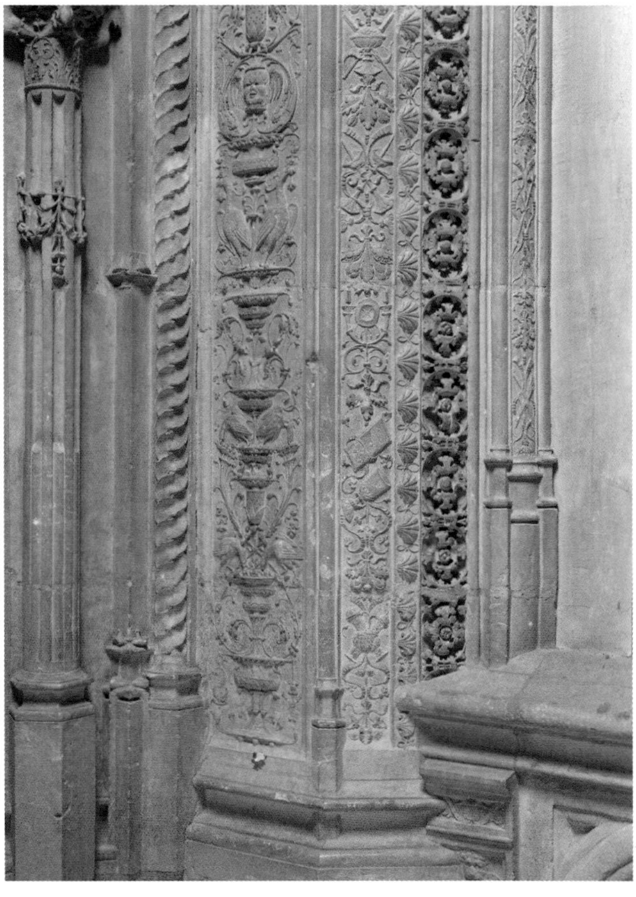

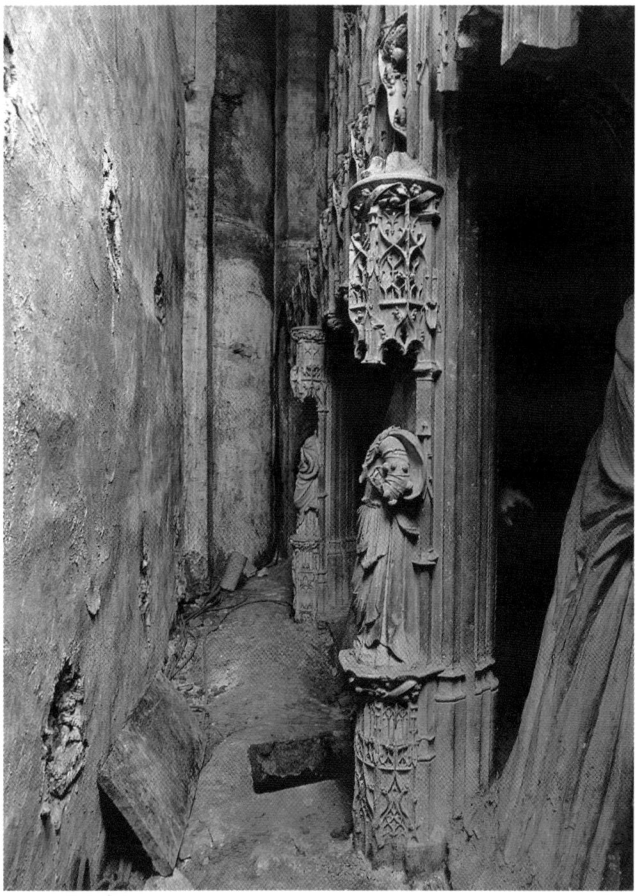

Statuettes de revers, tournées vers l'intérieur du chœur. Treizième travée nord.

Dans le projet initial de la décoration du soubassement, l'ensemble des médaillons était consacré à des récits extraits de l'Ancien Testament. Les seize premiers en partant du sud en sont issus et racontent l'histoire de David, Daniel, Moïse, Gédéon, Samson, Abraham et Jonas, à l'exception du médaillon légendaire de la *Levée du siège mis par le Normand Rollon devant Chartres en 911*. Les travaux d'Hercule, préfiguration du Christ, leur font suite puis sept médaillons, à l'origine non prévus, consacrés à l'Antiquité romaine et particulièrement aux empereurs, identifiés par une inscription. La série se termine par le profil d'un homme que la tradition identifie avec Louis XII.
Là encore, les artistes sont inconnus. Mais, il est certain qu'il y eut plusieurs mains comme en témoigne la différence de qualité entre les médaillons.

Malgré des variantes notables, l'exubérant décor des baldaquins présente une évidente unité. Les derniers réalisés dans le premier quart du XVIIIe siècle ont été traités dans le même esprit que les premiers, exécutés au début du XVIe siècle. Dans les deux premières travées gothiques, ils sont habités de musiciens et de sirènes, petits sujets insoupçonnables du sol. Quelques artistes qui ont travaillé aux couronnements à la fin du XVIIe et au début du XVIIIe siècle sont connus. Laurent Magnier et son fils Philippe réalisent en 1678 et 1679 les baldaquins de la niche de la *Femme adultère*, Claude Augé, sculpteur Lyonnais engagé à la réfection du clocher nord, travaille ensuite sur quelques ornements jusqu'en 1716, Louis Delagrange et Martin Dangerville reçoivent plusieurs commandes de 1705 à 1723.

Les transformations du XVIIIe siècle

La destruction du jubé

En 1763, le jubé est détruit. Du même coup, on supprime ses escaliers d'accès situés de part et d'autre de la croisée ainsi que les petits réduits, ménagés sous les volées, qui servaient de chambres aux marguilliers. La chapelle Saint-Lubin, peut-être déjà désaffectée, devient alors un logement de remplacement. L'autel est scellé en travers de l'ancienne baie d'accès et l'entrée se fait par la porte qui montait anciennement au réveille-matin, lui-même supprimé.

Le décor intérieur du chœur

Le Tour du chœur est achevé depuis une quarantaine d'années quand le chapitre entreprend la dernière opération d'embellissement du chœur. Celle-ci concerne cette fois la décoration et l'aménagement intérieurs qui seront entièrement repris afin de s'adapter au goût moderne. L'apothéose sera la mise en place sur un monumental maître-autel d'un groupe en marbre, dû à Charles-Antoine Bridan, représentant l'*Assomption de la Vierge*. Les travaux vont s'échelonner de 1763 à 1789.

Cette opération d'envergure a entraîné de profondes modifications dans l'aspect de la clôture et lui a causé des préjudices irréversibles en dénaturant la pensée primitive des concepteurs du XVIe siècle.
Un placage en marbre et stuc appliqué sur les piliers et l'entrecolonnement masque entièrement les pilastres ornementés et les statuettes du revers. Il mure également, sur la face tournée vers le chœur, les arcades des grandes scènes qui se trouvent plongées dans l'obscurité.
Afin de soutenir la charge des lourds bas-reliefs de marbre blanc placés au-dessus des stalles, les ajours entre les meneaux de la claire-voie sont bouchés, un mur en arc déprimé est abaissé dans chacune des chapelles, entraînant la destruction de la moitié des voûtes dans le sens longitudinal et leur faisant perdre leur fonction, enfin, des murs de briques sont élevés dans les deux chambres à la troisième travée les rendant inutilisables. L'escalier d'accès à l'horloge astronomique, qui ne fonctionne plus depuis longtemps, est supprimé.
En 1788, les portes d'accès au chœur sont doublées en largeur et encadrées de stuc, les contreforts sont déplacés au milieu des sections à gauche et à droite des portes.

Le Tour du chœur se présente aujourd'hui tel qu'il devait être à la fin du XVIIIe siècle. Il traverse la période révolutionnaire sans subir de dommages ni d'actes de vandalisme majeurs. Peut-être les statues décapitées dans certaines scènes sont-elles cependant le résultat des désordres inhérents à cette époque troublée. Si maintenant la clôture de chœur ne court plus le risque d'être mutilée ou détruite, elle continue à subir les petits outrages incessants que sont les graffitis sauvages profondément gravés dans la pierre, qui défigurent les scènes et maltraitent un monument d'une valeur inestimable.

L'Annonce de la naissance de la Vierge à son père Joachim

L'Annonce de la naissance de la Vierge à son père Joachim, *par Jehan Soulas en 1519 (J. de Voragine,* La Légende Dorée, la Nativité de la bienheureuse Vierge Marie*). Joachim, dont l'offrande au Temple a été refusée par le grand prêtre en raison de sa stérilité, s'est retiré honteux et désespéré au milieu des bergers. Un ange lui apparaît et lui annonce la naissance d'une fille. Le marché concernant la commande de ce groupe et des trois suivants, en date du 2 janvier 1519, donne une description très précise du travail à réaliser. Joachim doit être figuré* « à l'âge de quarante ans ou environ »*, des modèles sont fournis que l'artiste doit reproduire :* « lesdites histoires sont pourtraictes et figurées de blanc et de noir sur deux pièces de toille »*. Joachim écoute l'annonce miraculeuse, les yeux levés vers l'ange messager du ciel (maintenant disparu, celui-ci était scellé au mur de la niche). Un berger assis au premier plan joue de la cornemuse. Celle-ci est cassée mais la base du tuyau d'embouchure est visible au sommet du sac. Un second berger au fond de la niche porte à la ceinture les instruments de tonte fidèlement représentés. Soulas a su exprimer les sentiments opposés des personnages, la tristesse de Joachim et la gaieté des bergers essayant de le distraire. L'étroitesse de la niche, appuyée sur la pile de la croisée, n'a pas permis de donner de l'ampleur à la scène.*

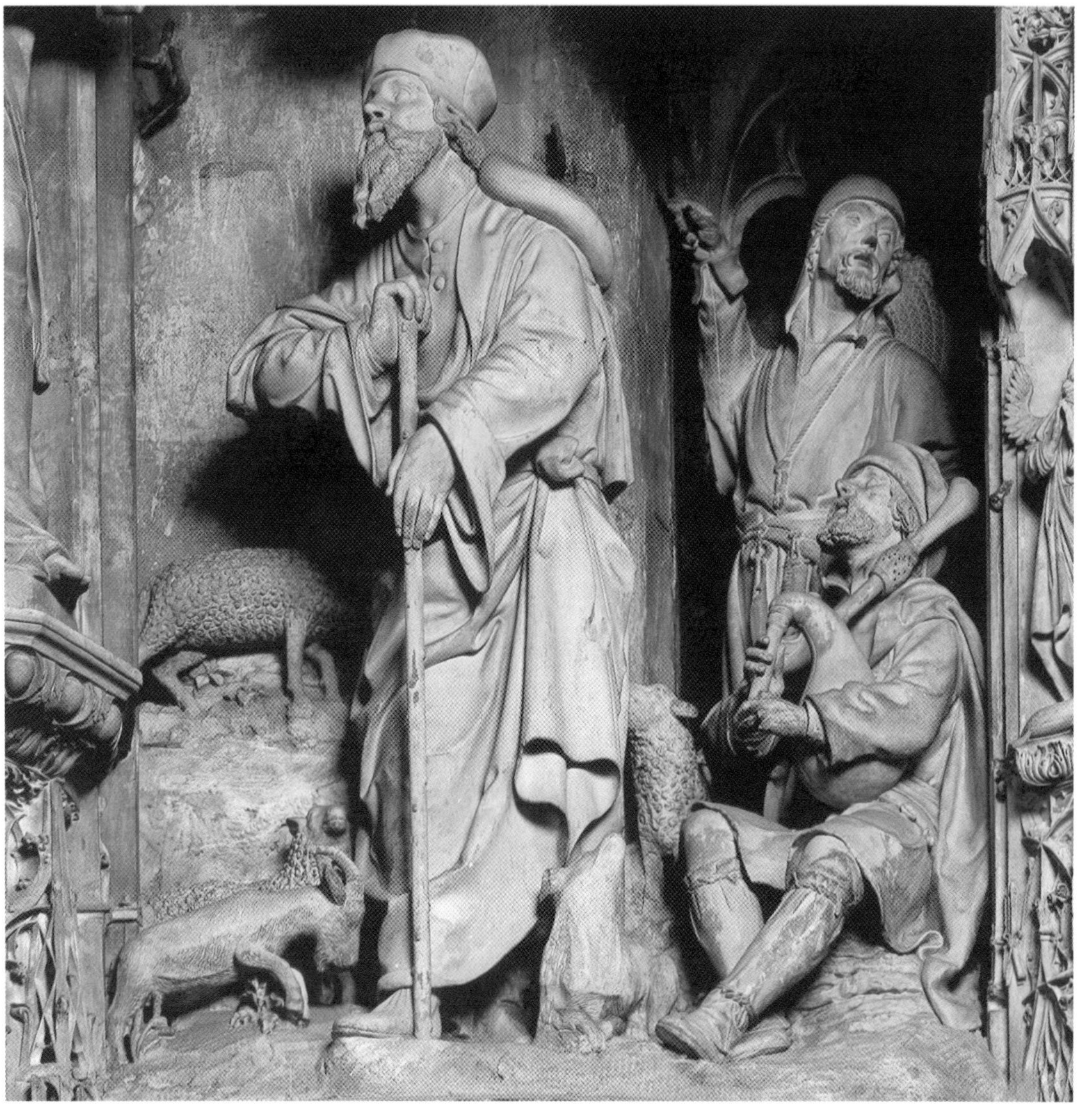

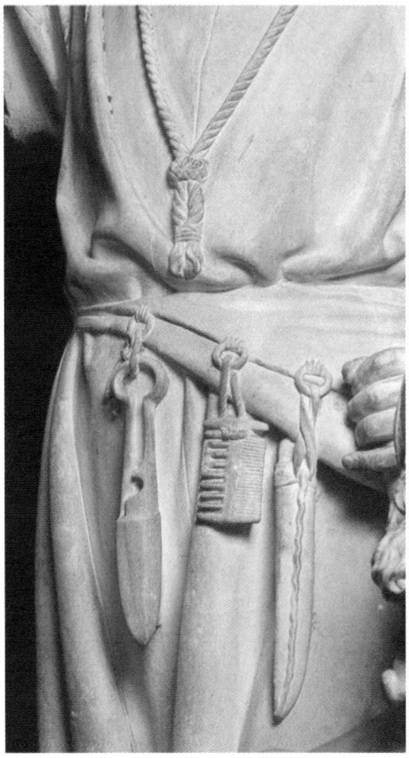

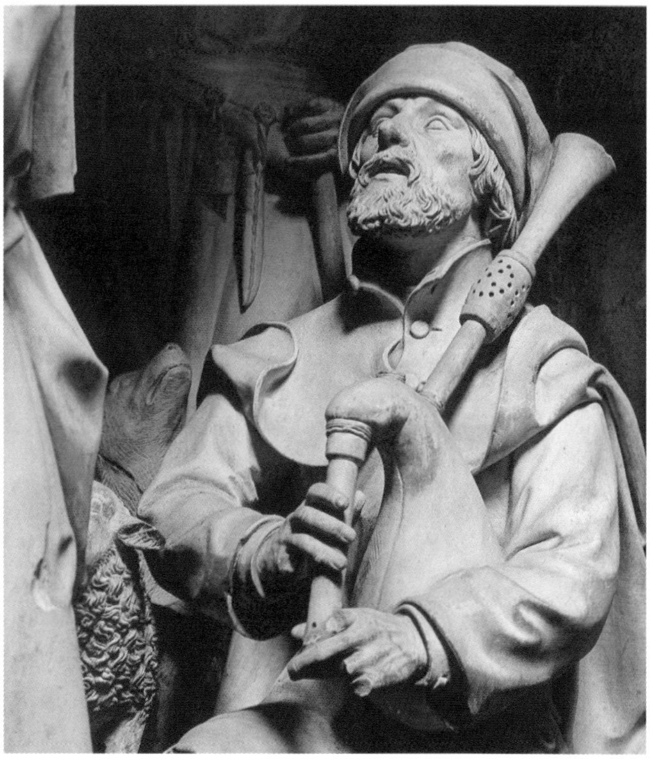

Première travée sud, première section.

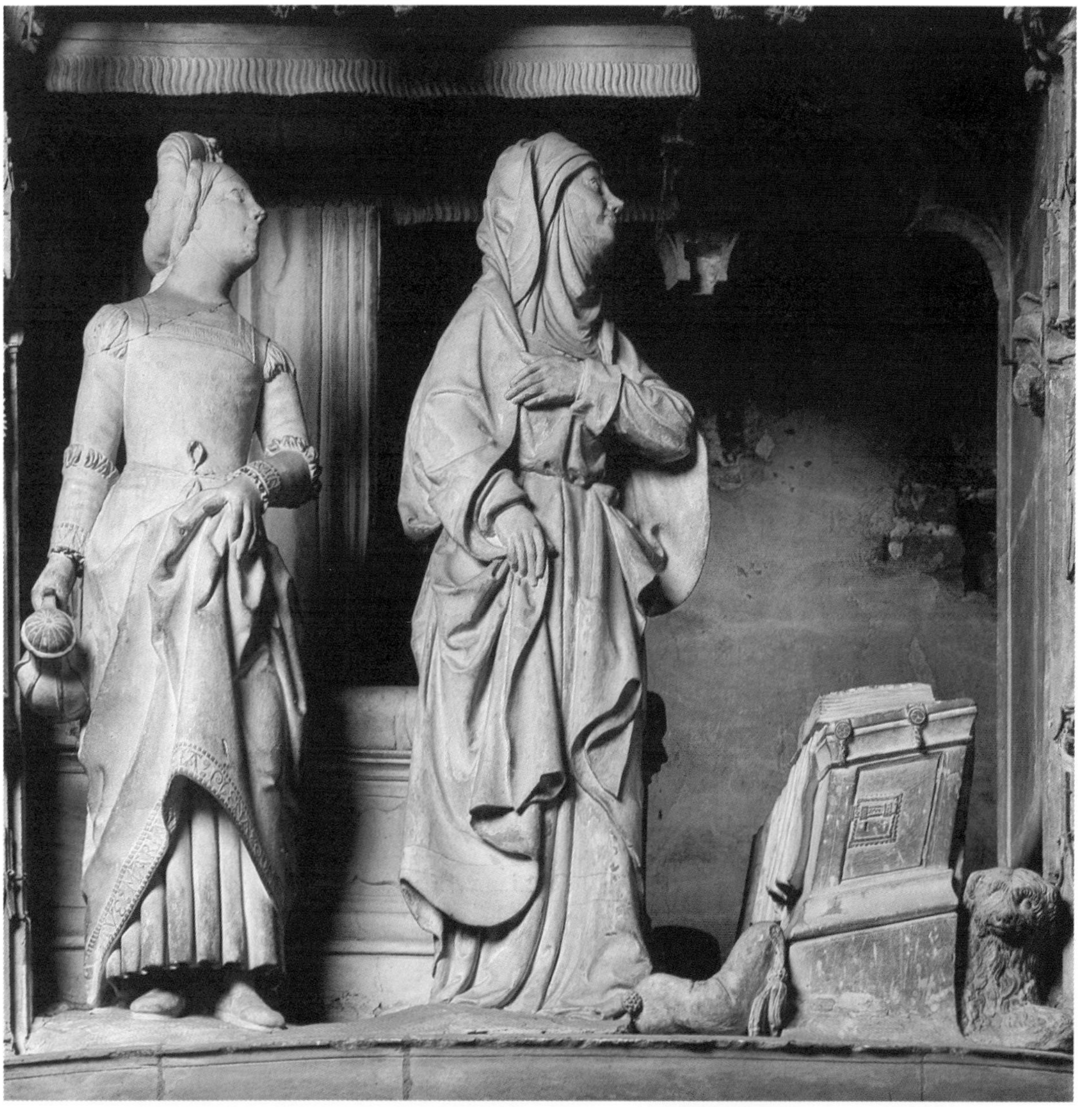

L'Annonce de la naissance de la Vierge à sa mère Anne,
par Jehan Soulas en 1519
(J. de Voragine, La Légende Dorée, la Nativité de la bienheureuse Vierge Marie).
Anne, abandonnée par son époux, est restée dans sa chambre. Elle reçoit aussi de l'ange l'annonce de sa maternité future. La scène fait pendant à la précédente, tant par le thème que par la composition. Anne est représentée dans les mêmes âges que Joachim, solitaire et découragée, en compagnie de sa servante Judith. Avant l'arrivée de l'ange (également disparu), elle priait agenouillée devant son livre de prières posé sur un petit pupitre muni d'une serrure. Le coussin conserve encore l'empreinte de ses genoux. La tête d'un chien barbet émerge au premier plan à droite. L'attitude d'Anne est semblable à celle de Joachim : le visage levé et détourné témoigne de sa solitude affective. Le traitement est très minutieux : le lit, l'oratoire et l'escabeau, traités avec une grande finesse, sont des modèles de menuiserie.

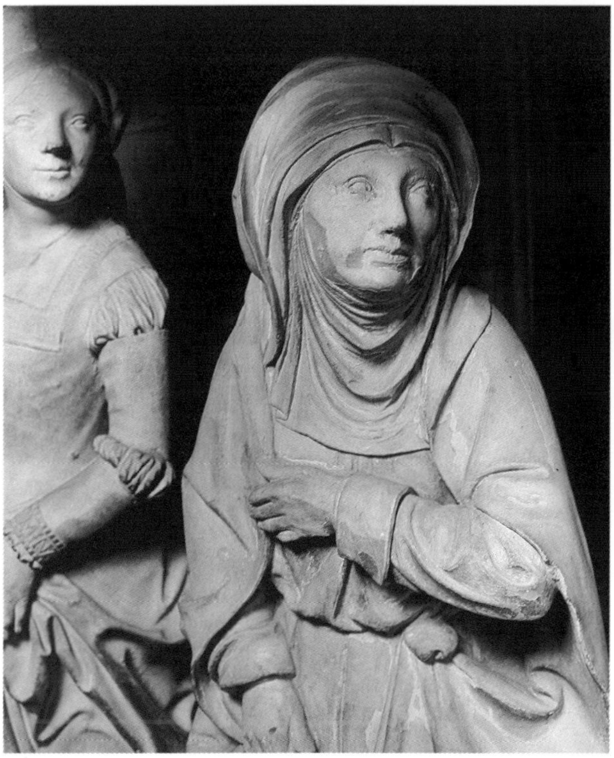

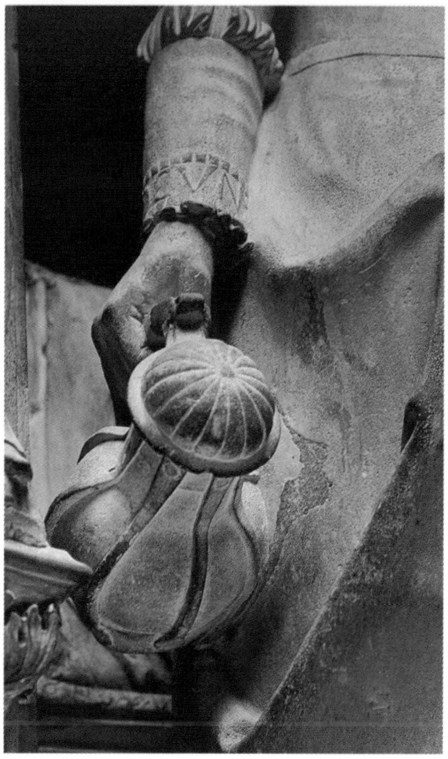

Première travée sud, deuxième section.

La Rencontre d'Anne et Joachim à la Porte Dorée

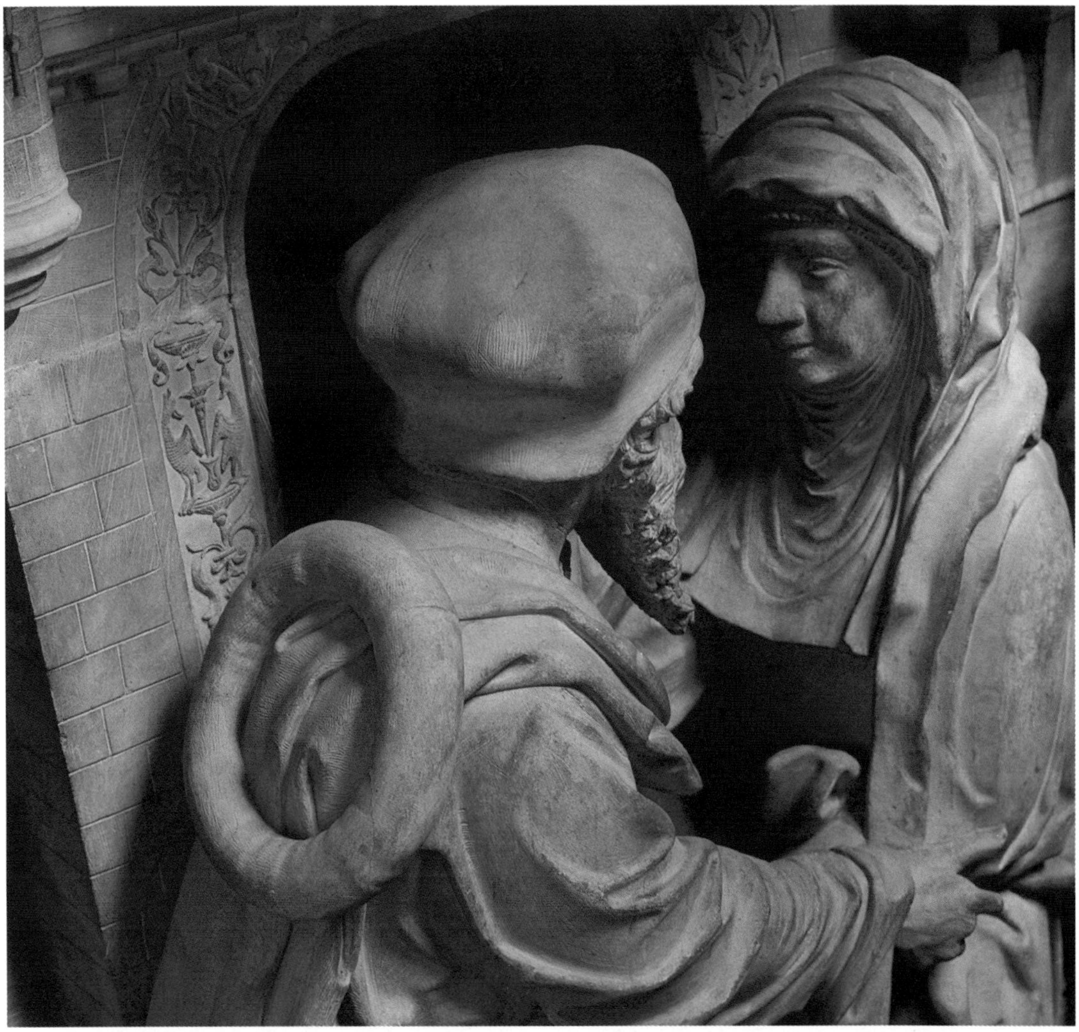

La Rencontre d'Anne et Joachim à la Porte Dorée, *par Jehan Soulas en 1519 (J. de Voragine,* La Légende Dorée, la Nativité de la bienheureuse Vierge Marie*). Après la merveilleuse annonce, Anne et Joachim se rejoignent à la Porte Dorée de Jérusalem et dans leur bonheur échangent un baiser de retrouvailles. Anne est arrivée avec sa chambrière, Joachim est accompagné de son lévrier dont il ne subsiste que les pattes. Jérusalem est figurée derrière comme une riche et belle ville médiévale fortifiée. Cette scène appartient davantage à la tradition iconographique orientale. Ce baiser échangé, prélude de la naissance de la Vierge, est aussi le symbole de son Immaculée Conception.*

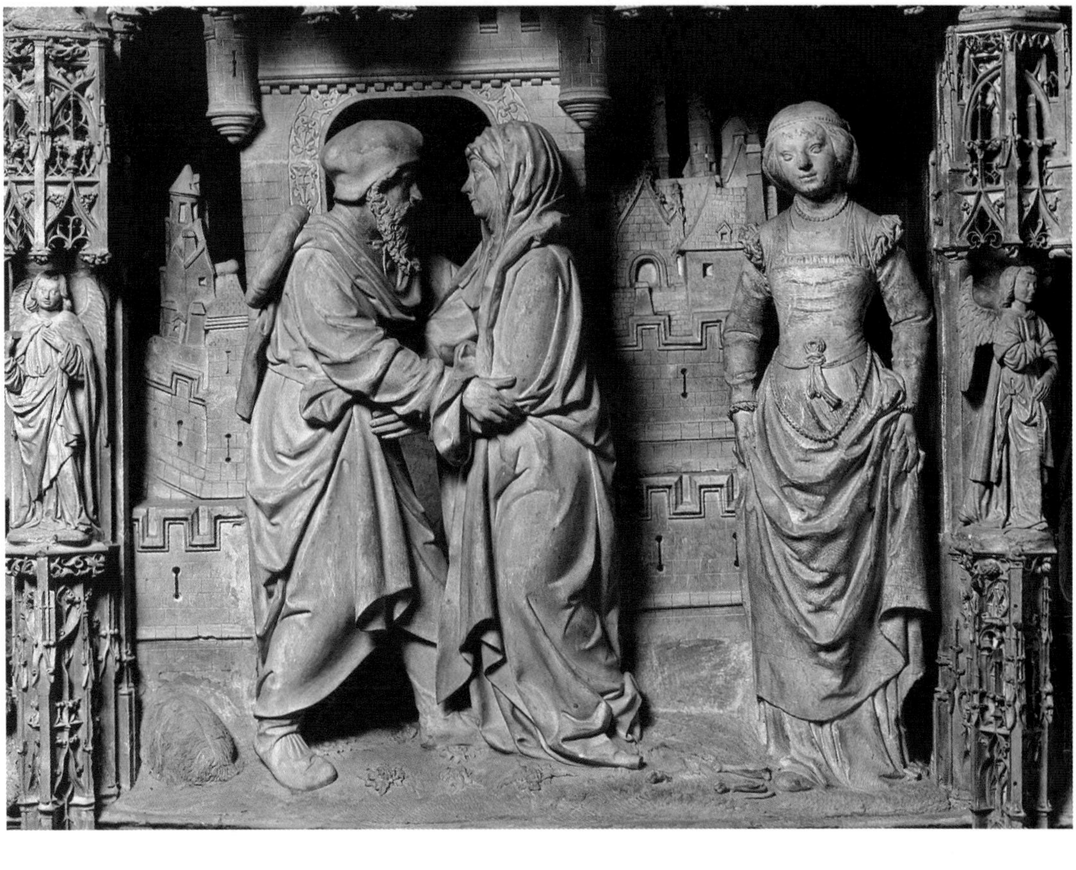

Première travée sud, troisième section.

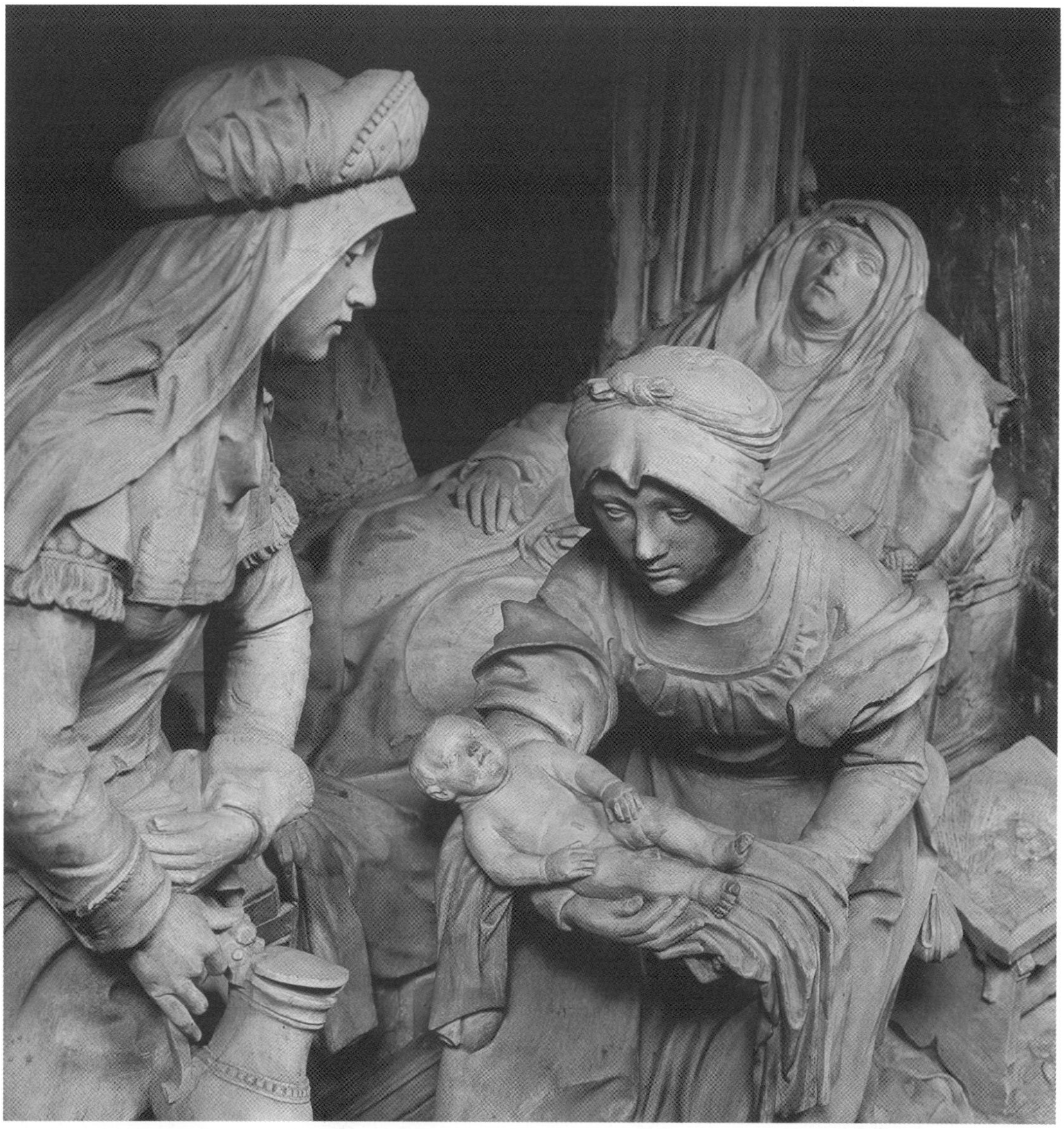

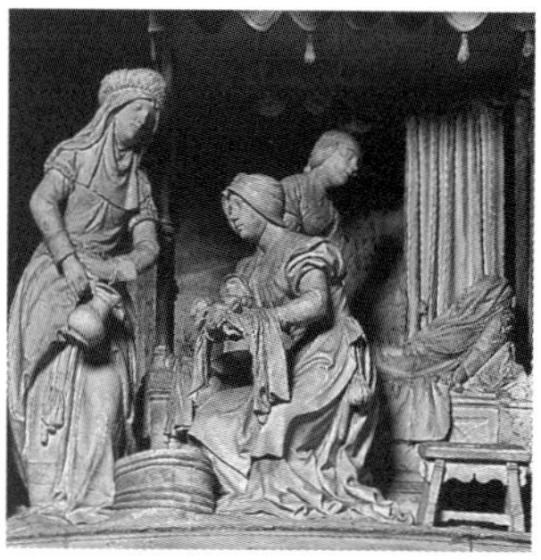

La Naissance de la Vierge, *par Jehan Soulas en 1519* (*J. de Voragine*, La Légende Dorée, la Nativité de la bienheureuse Vierge Marie). *Il s'agit du premier bain de la Vierge, confiée aux soins de la servante d'Anne et des femmes du voisinage. Une servante dont les bras sont cassés est penchée vers Anne. Celle-ci est couchée dans un «* lict à pilliers et du linge à l'entour des pilliers en façon de rideaulx de lict *», comme le stipulait le contrat. Une femme, en un geste naturel, présente l'enfant qui vient de naître, une autre debout, assez raide, tient «* ung pot, en façon d'argent *» s'apprêtant à verser l'eau du bain dans le baquet posé au sol. Soulas a réalisé une scène familière très réaliste qui nous fait pénétrer dans l'intimité familiale de la Vierge. Ce n'est plus seulement une scène religieuse mais une scène de genre qui s'inscrit dans la tradition médiévale.* La Naissance de la Vierge *est le dernier volet du marché passé avec Soulas en 1519, il est aussi le plus abouti par l'expression et le mouvement.*

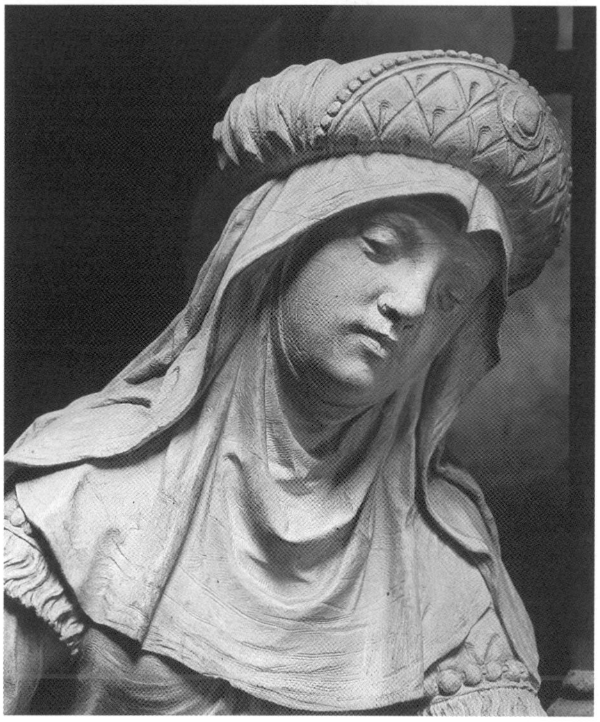

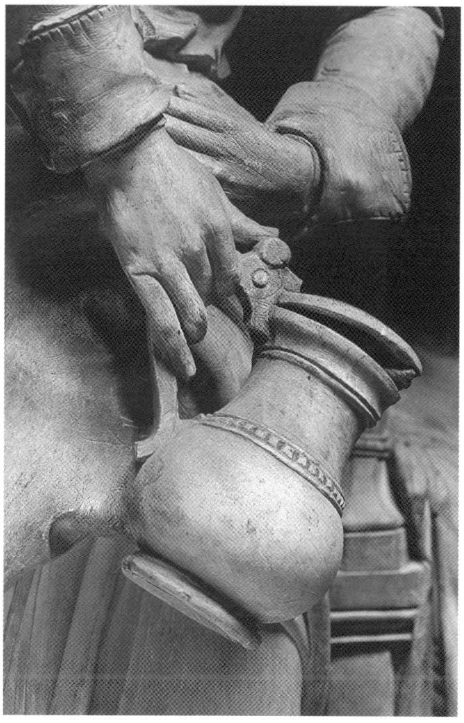

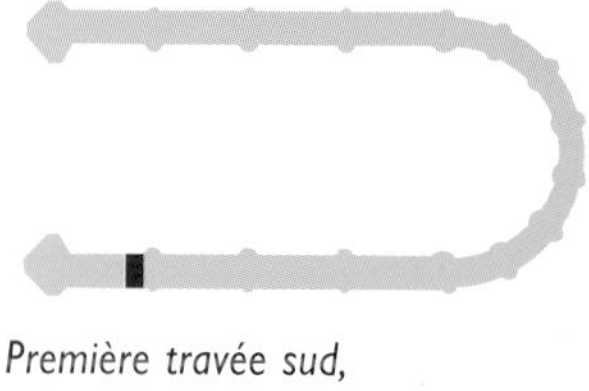

Première travée sud, quatrième section.

La Présentation de la Vierge au Temple

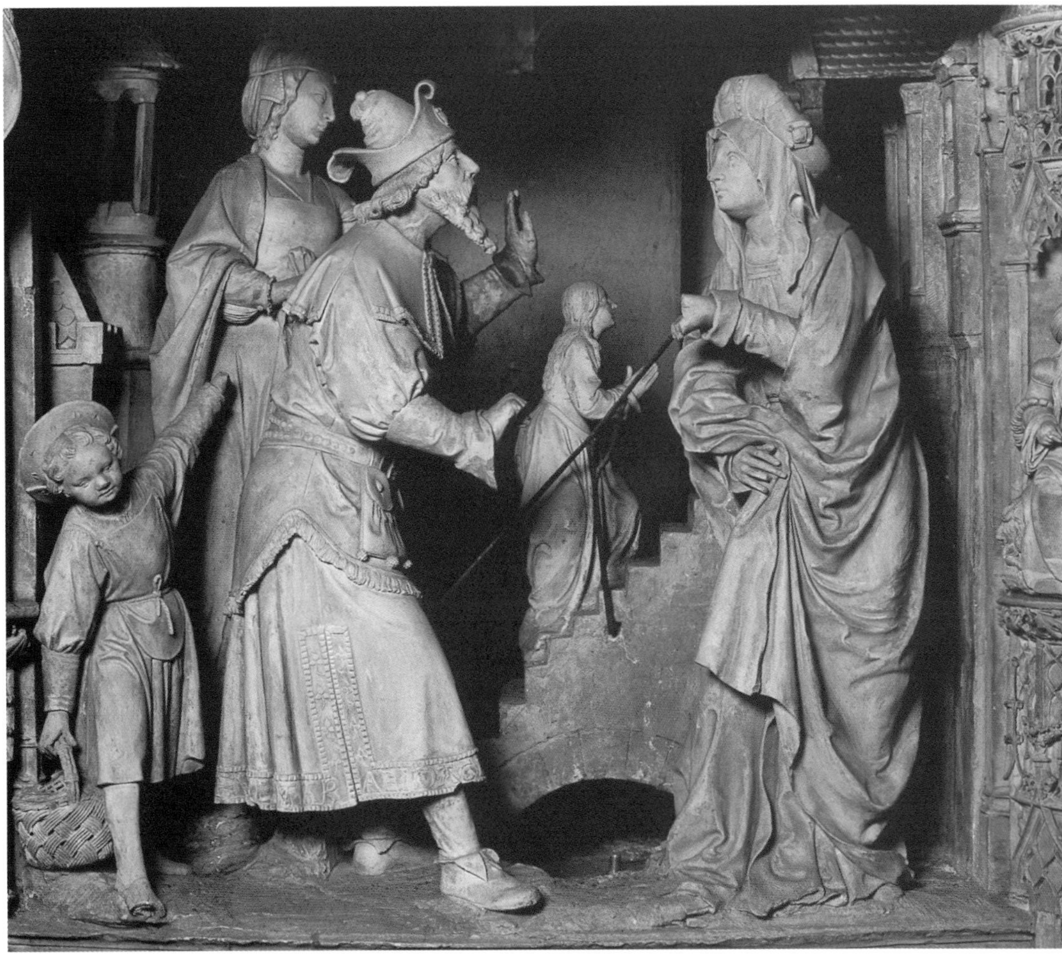

La Présentation de la Vierge au Temple,
par Jehan Soulas en 1520-1521 (J. de Voragine, La Légende Dorée, la Nativité de la bienheureuse Vierge Marie*).*
À l'âge de trois ans, les parents de Marie la conduisent au Temple afin de la consacrer à Dieu. Au second plan, la Vierge enfant gravit seule les quinze marches rituelles de l'escalier qui mène à l'autel du sanctuaire. Le sérieux et le recueillement de Marie contrastent avec la joyeuse scène qui se déroule au premier plan : Anne et Joachim conversent avec animation, un petit garçon tenant un panier de vannerie au réalisme surprenant tire par la robe sa mère qui regarde la Vierge s'éloigner. Là encore, la scène familière contrebalance le caractère religieux.
Ce groupe, ainsi que les deux suivants, sont commandés à Soulas le 3 mars 1520 (le marché est malheureusement perdu). La composition de la scène est probablement fidèle à la description faite dans la commande, et on peut supposer que des modèles précis furent donnés à Soulas, comme pour les scènes précédentes.

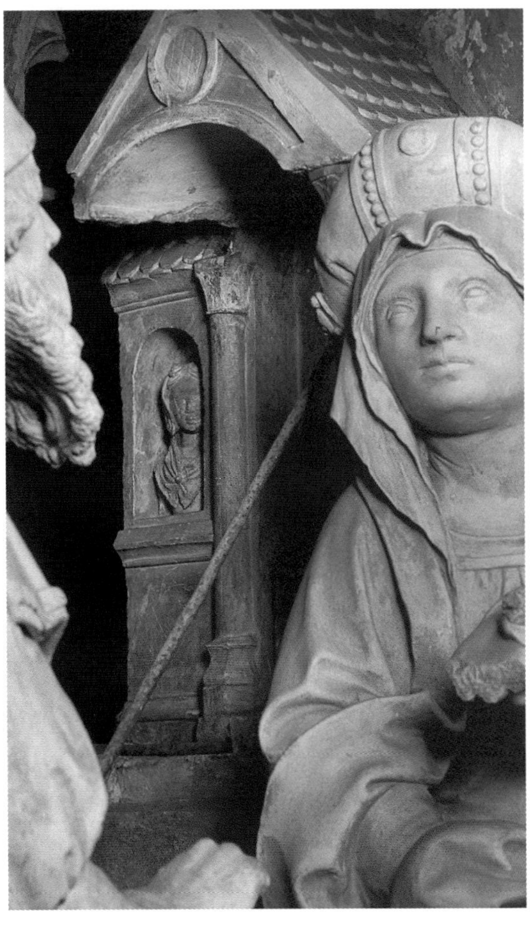

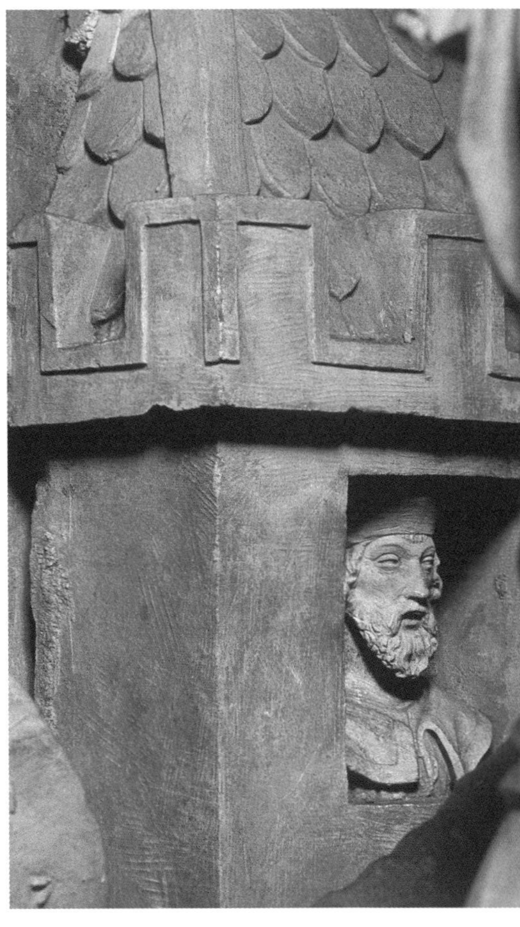

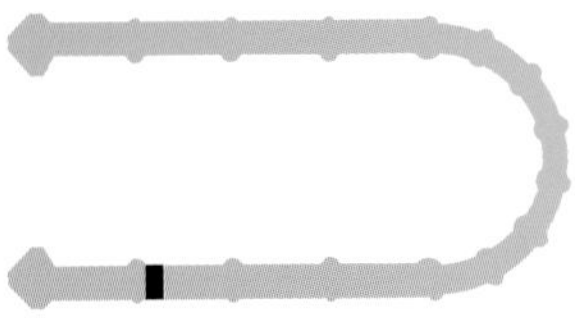

Deuxième travée sud, première section.

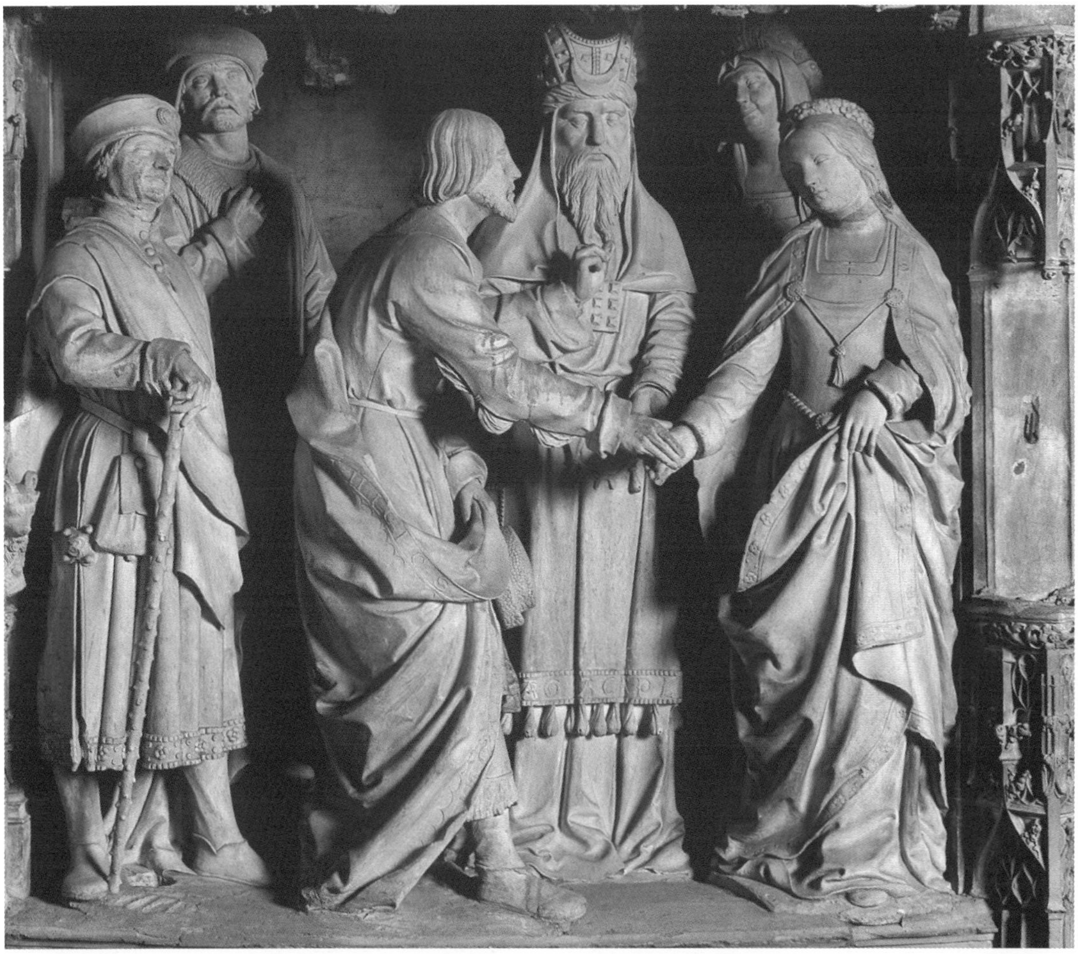

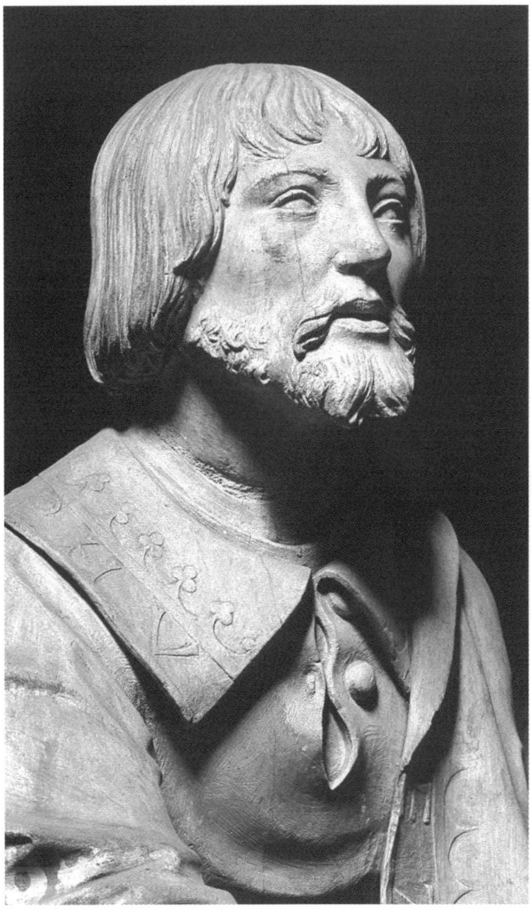

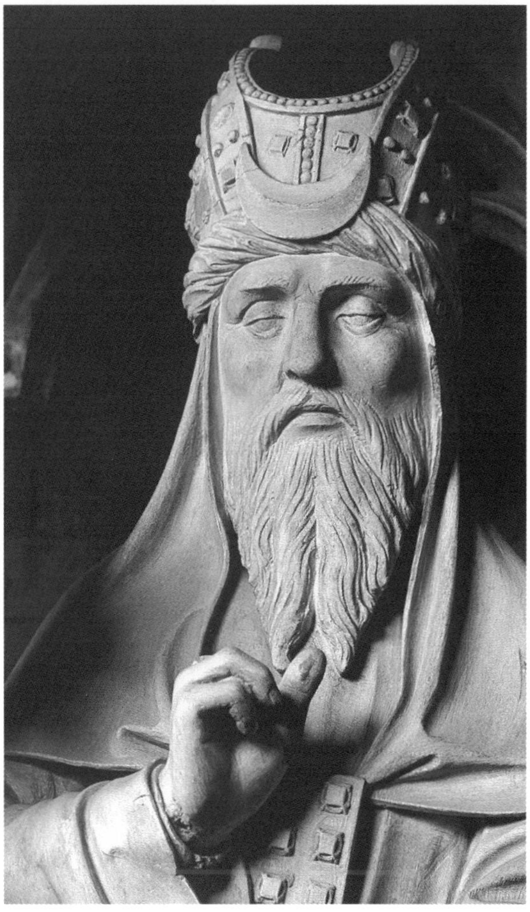

Le Mariage de la Vierge,
par Jehan Soulas en 1520-1521 (J. de Voragine, La Légende Dorée, la Nativité de la bienheureuse Vierge Marie*).*
À l'âge de quatorze ans et conformément à la Loi de Moïse, la Vierge doit prendre un époux. Devant le grand-prêtre qui les bénit, Marie et Joseph se prennent la main, geste symbolique de l'union conjugale. Le personnage dépité à gauche est un prétendant évincé de la Vierge. Il est appuyé sur la baguette de bois mort, symbole de son rejet. Au second plan, deux témoins assistent au mariage. La scène ne semble pas se passer dans le Temple mais en plein air, en cela fidèle aux coutumes juives qui considéraient le mariage comme un acte civil et non un sacrement.
Les traits de Joseph rappellent le visage du roi François Ier, sur le trône de France depuis quelques années seulement, comme un hommage du sculpteur au jeune monarque.

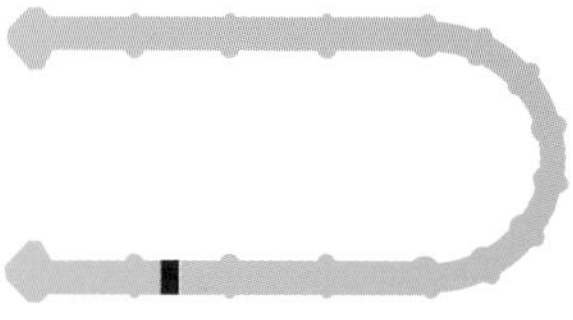

Deuxième travée sud, deuxième section.

L'Annonciation

L'Annonciation,
par Jehan Soulas en 1520-1521 (Lc 1, 26-38).
La Vierge Marie reçoit la visite de l'archange Gabriel qui lui annonce qu'elle enfantera le Fils de Dieu. L'annonce de l'ange coïncide avec l'Incarnation du Christ, Sauveur du monde. La richesse de l'iconographie de l'Annonciation est en partie due au culte fervent que l'Église lui a rendu.
La Vierge sous un dais lisait dans sa chambre, agenouillée devant un tabouret sur lequel est posé un livre de prières. Elle est tournée vers Gabriel dans une attitude sereine et soumise qui contraste avec l'énergie déployée par l'ange. Celui-ci pointait l'index (maintenant brisé) dans un geste oratoire, le bras droit levé.
Les ailes, en bois, anciennement peintes en blanc, sont mobiles et s'adaptent aux épaules dans une encoche. Il tient de la main gauche le sceptre fleurdelisé. Au sol est placée une tige de lis dans un vase. Soulas a repris les modèles des scènes antérieures pour les accessoires, le tabouret par exemple. La robe de l'ange, et particulièrement les manches dont les points sont finement cousus, est admirablement exécutée.

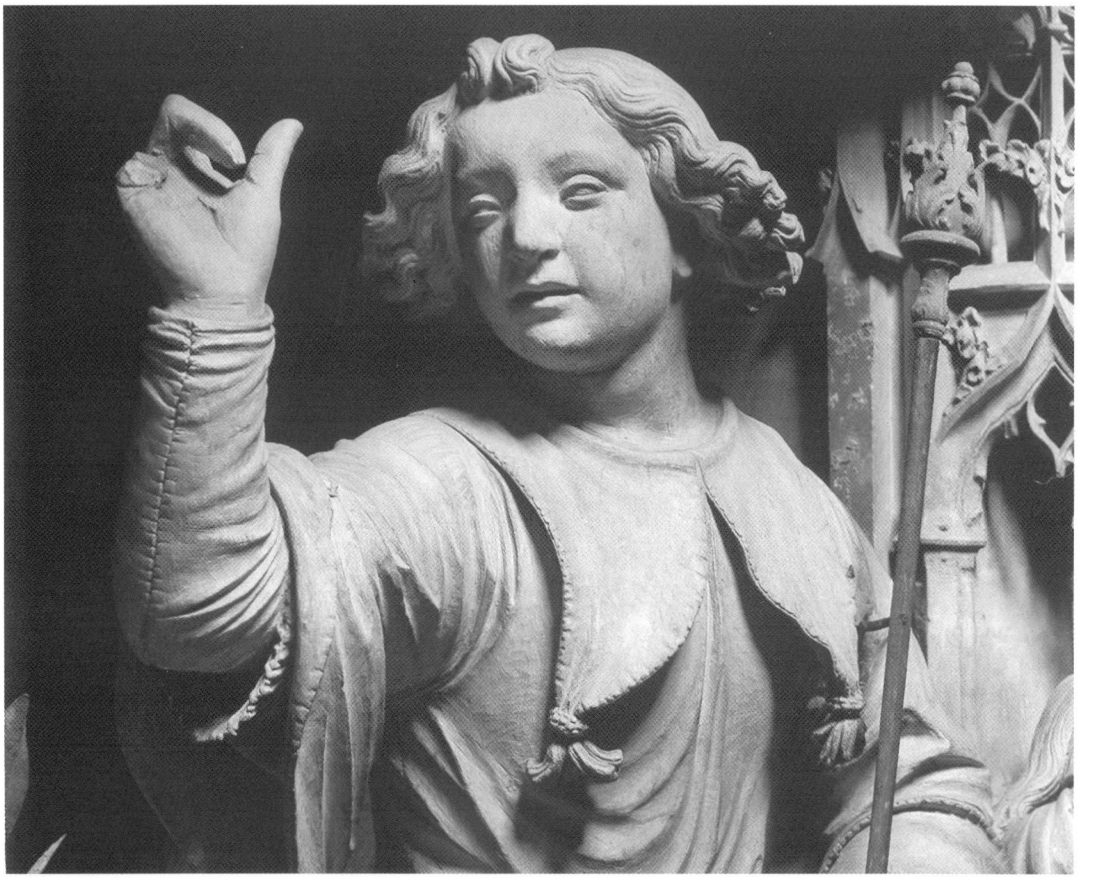

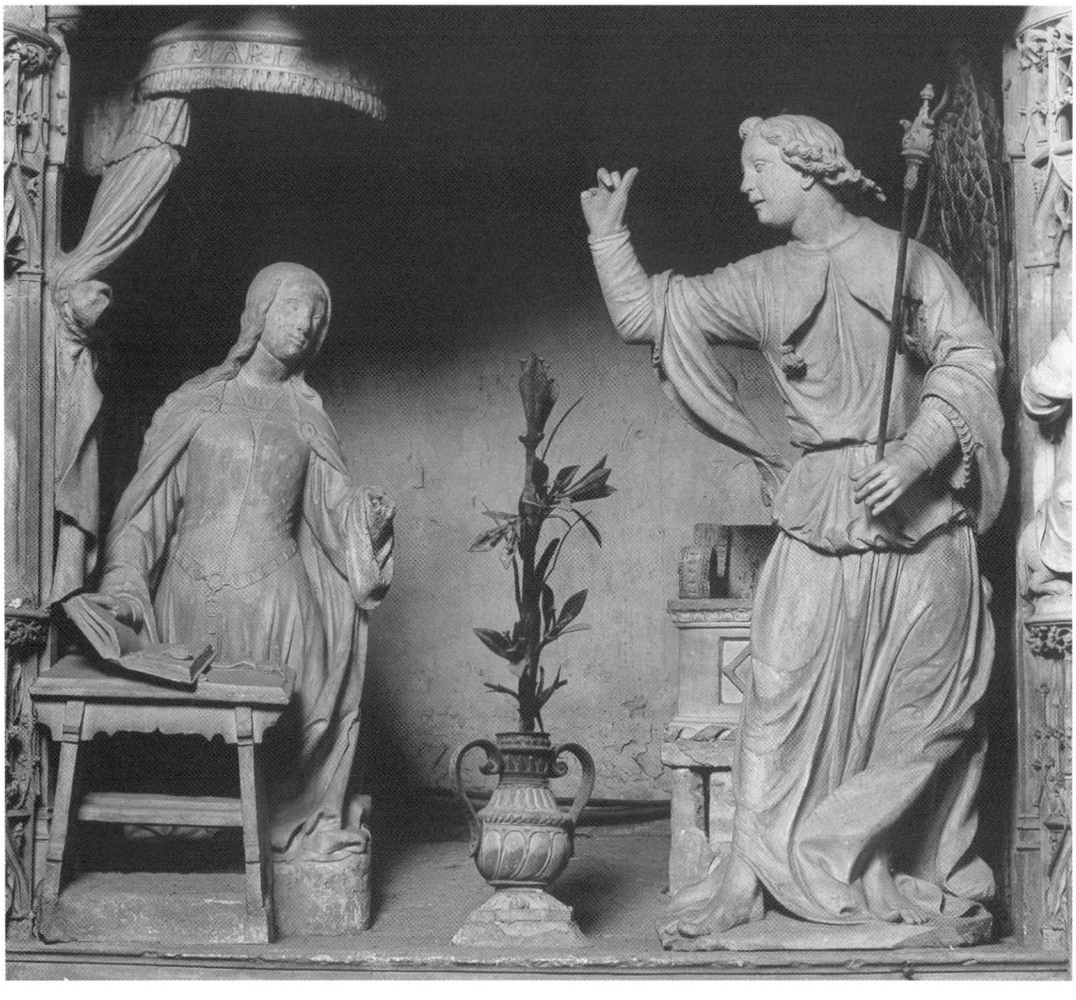

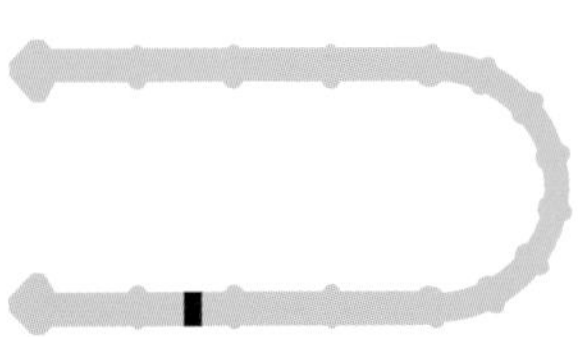

Deuxième travée sud, troisième section.

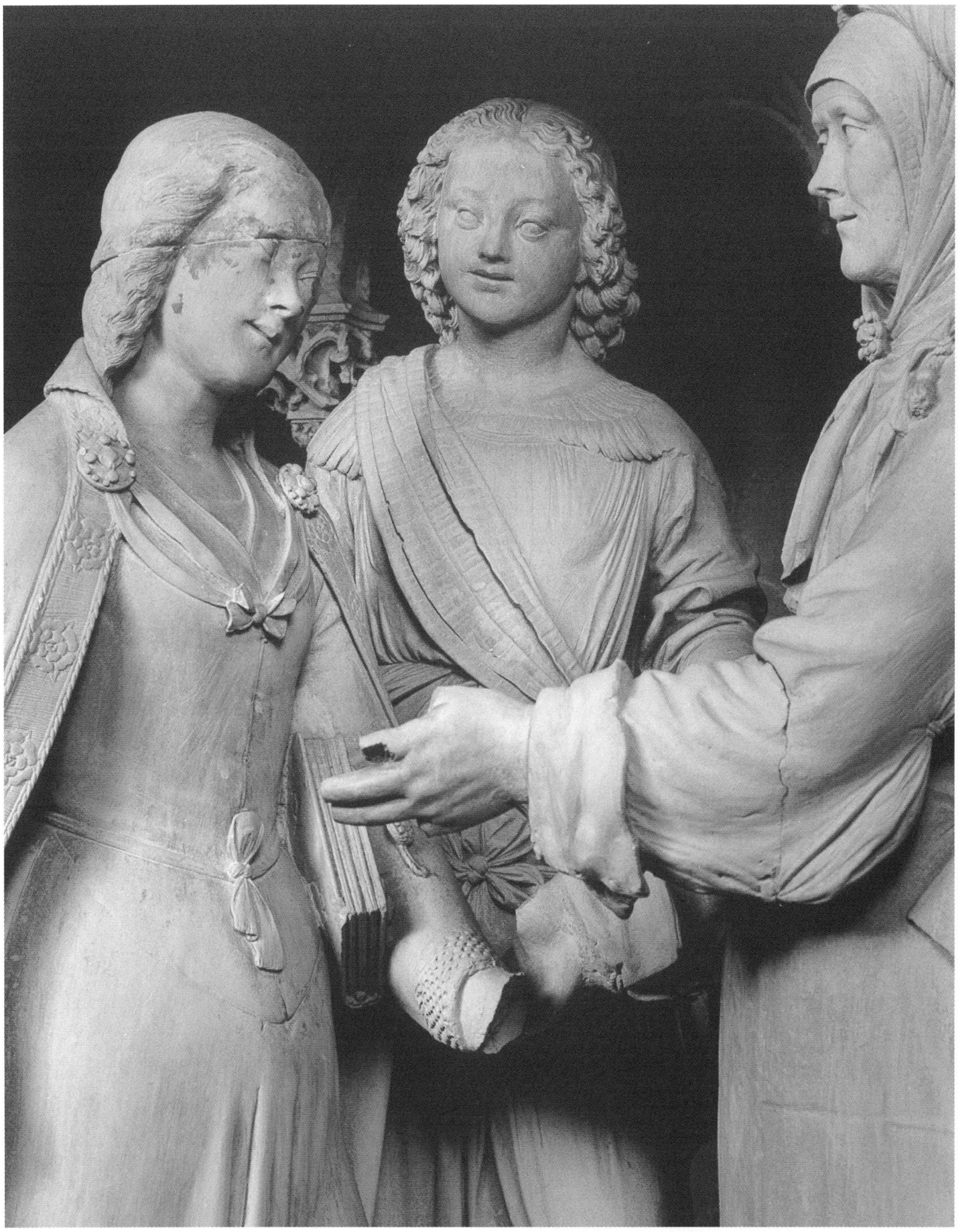

La Visitation,
attribuée à Jehan Soulas
entre 1521 et 1535
(Lc 1, 40-45).
Marie rend visite à sa cousine plus âgée Elisabeth, également enceinte de Jean-Baptiste, le Précurseur. Elles tendent un bras l'une vers l'autre, en un geste rempli d'affection. La grossesse d'Elisabeth est discrètement visible. La femme qui accompagne la Vierge est sans doute l'une des deux Marie, Marie-Cléophas ou Marie-Salomé, parfois représentées dans la scène. Richement vêtue, elle porte attaché à son bras par une lanière son livre de prières enfermé dans une reliure en cuir. Derrière, l'ange aux traits adolescents semble les réunir. La Vierge porte un manteau aux broderies ornées de délicates roses. Son visage (malheureusement brisé) resplendit de jeunesse et de fraîcheur et contraste de manière étonnante avec l'apparence d'Elisabeth qui est figurée, respectant en cela la tradition iconographique, sous les traits d'une vieille femme.
Les marchés concernant cette scène et les quatre suivantes, jusqu'à l'Adoration des Mages, n'ont pas été conservés. Cependant, par leur composition et le style de l'exécution, elles s'apparentent aux scènes précédentes et peuvent être attribuées avec certitude à Jehan Soulas.

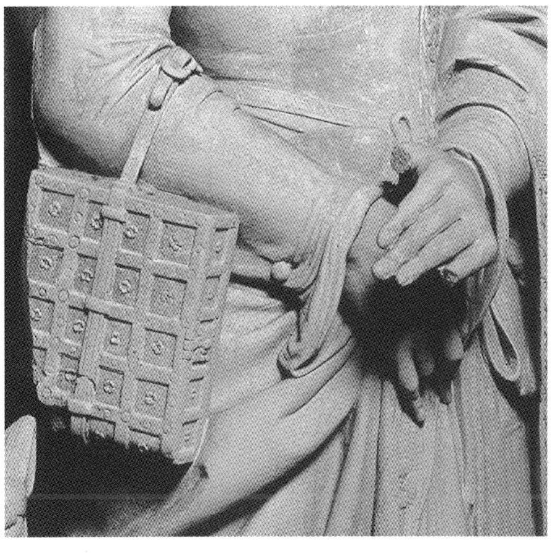

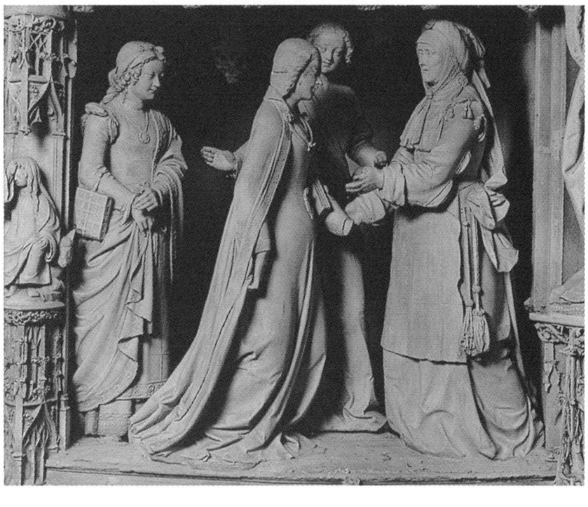

Deuxième travée sud, quatrième section.

L'horloge astronomique

***L'horloge astronomique** fut sans doute achevée en 1528. Présenté par deux anges aux ailes rapportées en bois, le cadran en fer peint est formé de trois parties indépendantes qui se déplacent et s'ajustent l'une sur l'autre. Au dernier plan, le disque qui figure un ciel étoilé est fixe, la partie mobile où sont tracées les vingt-quatre heures de la journée décrivait un mouvement circulaire de droite à gauche ; ainsi chaque heure se présentait à son tour. Le disque central où sont peints les signes du zodiaque se mouvait de gauche à droite. En bas, un orifice servait à l'indication des phases de la lune. L'heure était indiquée par une aiguille unique portant un soleil à son sommet. Supporté par deux petits contreforts qui existent toujours, le mécanisme à ressort et fusée était complété par un jeu de pignons et de roues dentées qui permettaient de transmettre la force motrice. Ce dispositif, qui constituait un réel progrès par rapport au système à poids, se généralisa très vite. À la voûte de la niche étaient suspendues des clochettes que le mécanisme faisait carillonner. Sa complexité nécessitait toutefois de tels réglages qu'il devint difficile dès le milieu du XVIIe siècle de trouver un spécialiste, et on renonça rapidement à l'entretenir. Le mécanisme dont il ne subsiste que quelques rouages fut détruit en 1793.*

Le décor Renaissance qui masque à gauche la cage d'escalier est employé ici pour la première fois dans la cathédrale. À la partie supérieure, de gracieux amours musiciens dans des niches à coquilles comme dans un décor de théâtre semblent danser au son de leurs instruments. En dessous, les têtes de Titus, Hector et Vespasien traitées à l'antique émergent d'un fin décor.

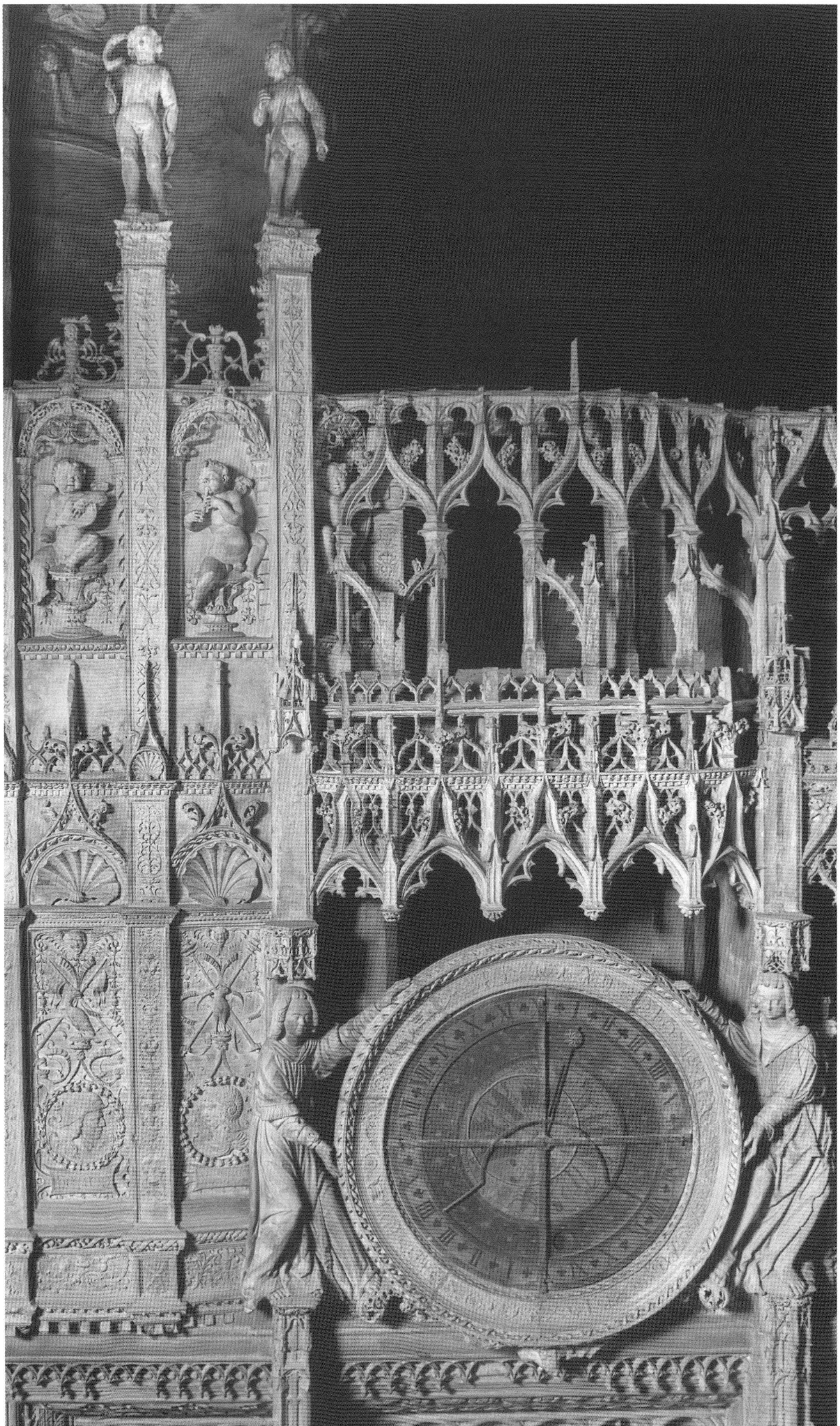

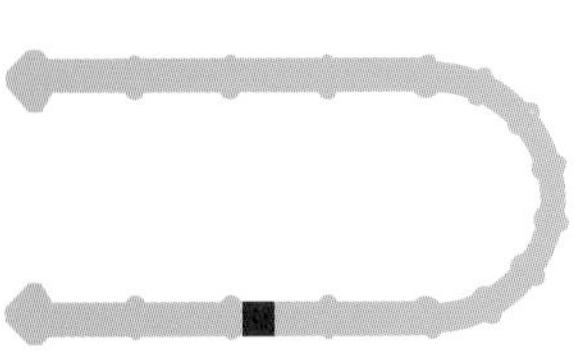

Troisième travée sud, première et deuxième sections.

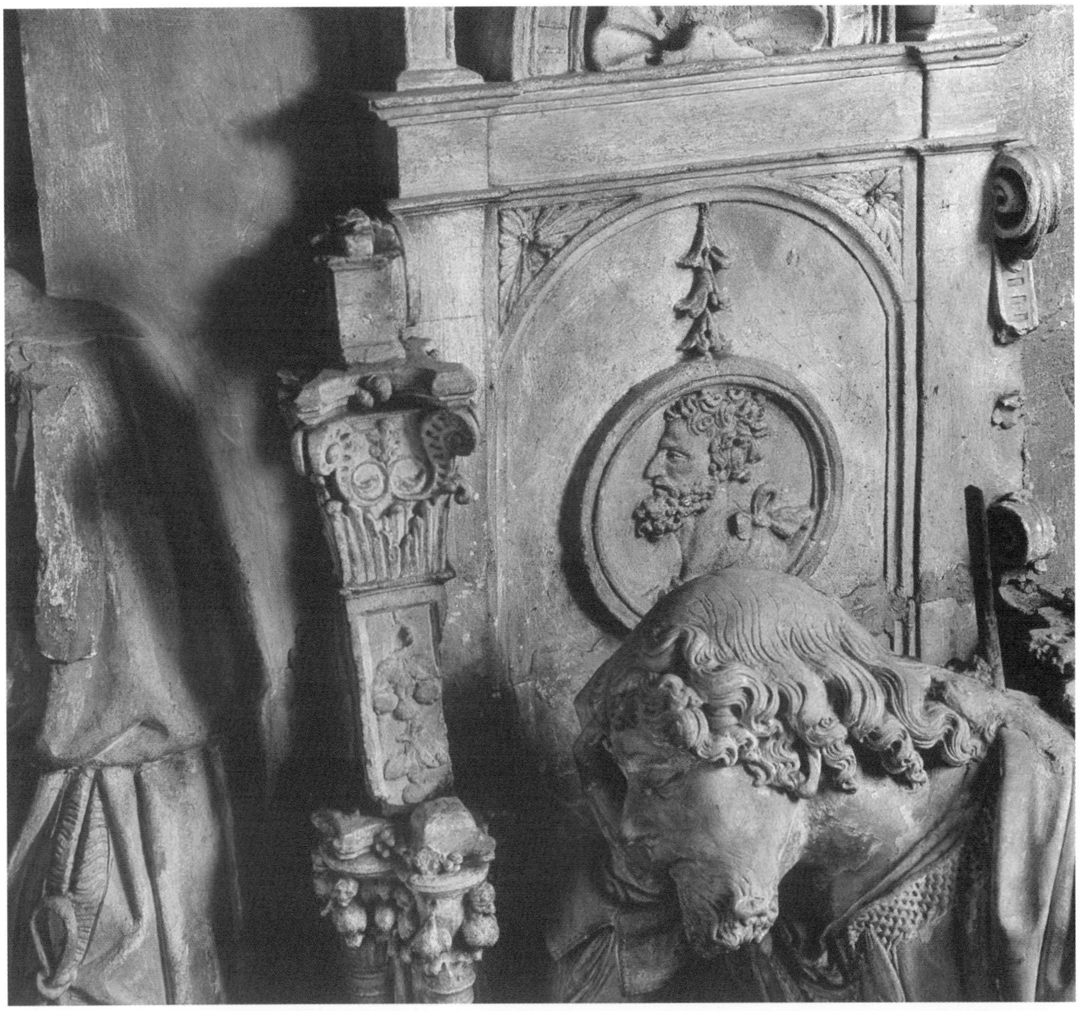

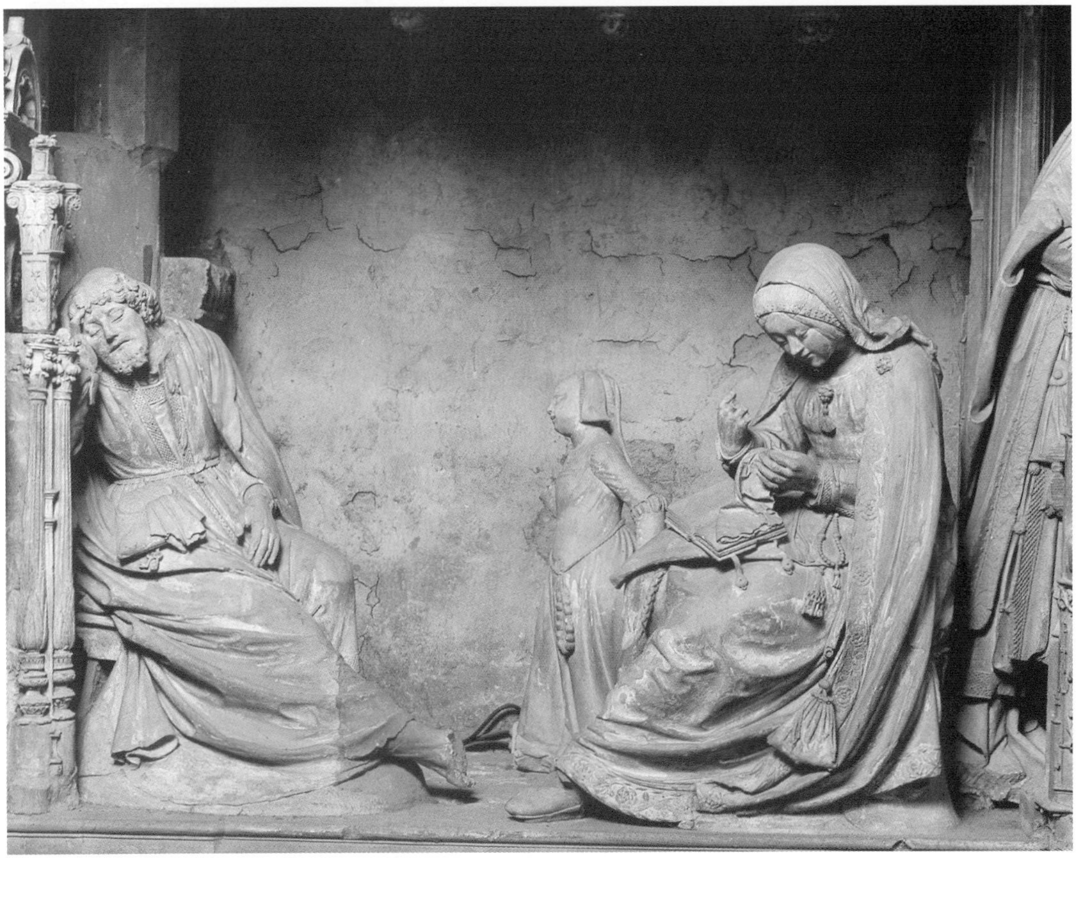

Le Songe de Joseph,
attribué à Jehan Soulas
entre 1521 et 1535
(Mt 1, 18-21).
Cette scène se situe entre la Visitation et la Nativité. Convaincu de l'infidélité de la Vierge, Joseph a résolu de la répudier discrètement, l'Ange du Seigneur lui apparaît alors en songe pour l'en dissuader. Joseph endormi est assis sur un tabouret, appuyé sur un riche retable domestique décoré d'une tête en médaillon. Marie, ou Notre-Dame de l'Attente, son livre de prières sur les genoux, coud la layette de son enfant comme n'importe quelle future mère. Les attitudes des personnages reflètent le bonheur familial, dans l'abandon de Joseph et l'application de Marie penchée sur son ouvrage. Entre eux deux, se tient une fillette. L'iconographie traditionnelle place généralement l'ange du Songe entre les deux personnages principaux ; la présence de cette enfant est cependant connue dans quelques représentations. Il devient alors difficile de déterminer si la scène comportait à l'origine l'ange qui ensuite a été remplacé par cette petite fille, ou bien si cette dernière a toujours été présente.

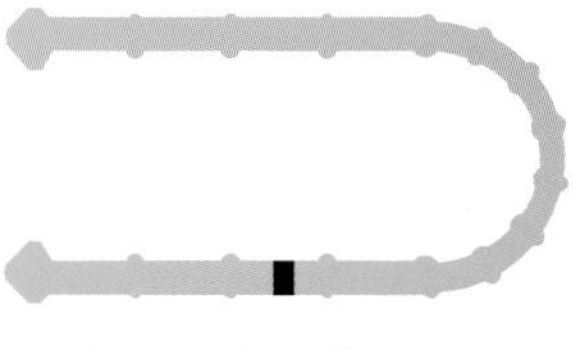

Troisième travée sud, troisième section.

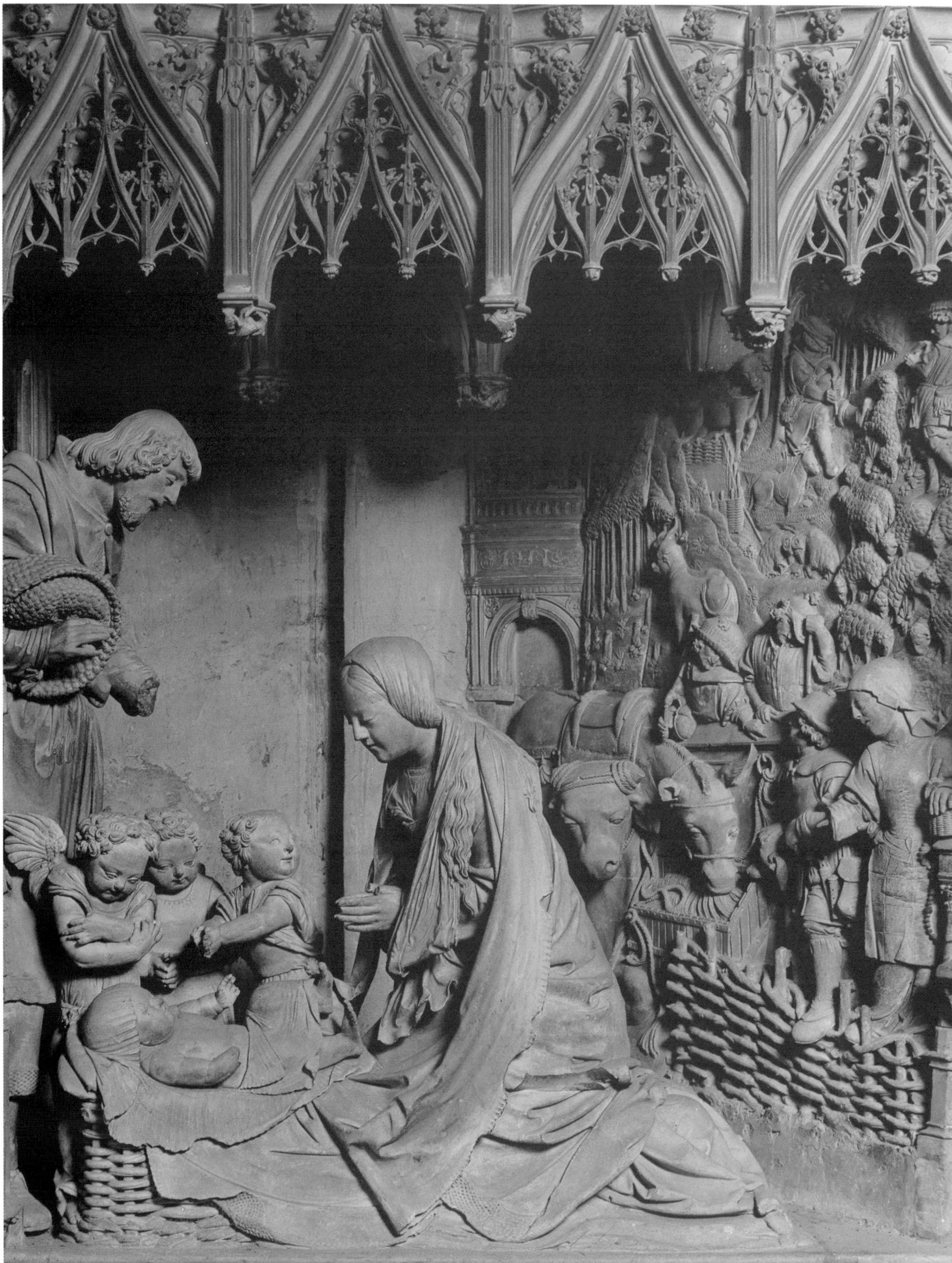

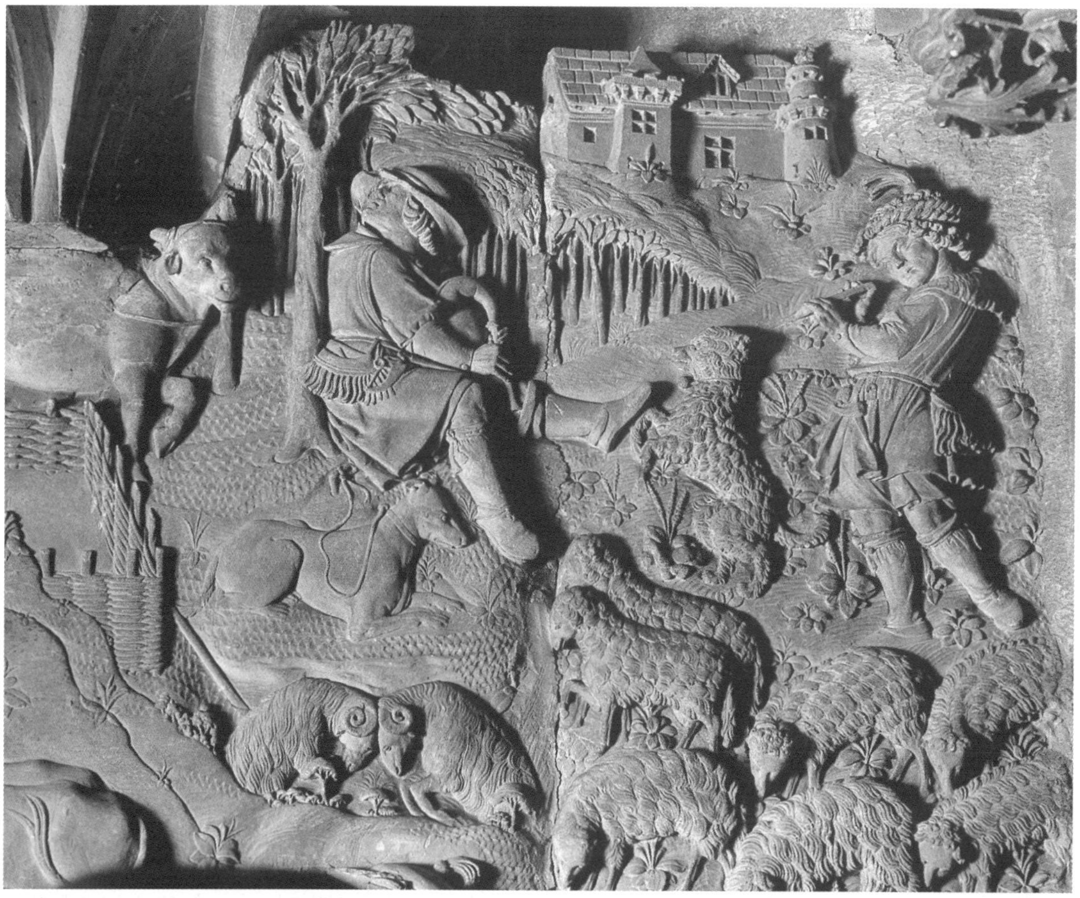

La Nativité,
attribuée à Jehan Soulas entre 1521 et 1535
(Mt 2, 1 ; Lc 2, 6-7 ; *J. de Voragine*, La Légende Dorée, La Nativité de N.-S. Jésus-Christ selon la chair).
Les Évangiles canoniques sont laconiques sur la Nativité, *ce sont les Évangiles Apocryphes qui ont enrichi l'iconographie de la scène en introduisant Joseph, le bœuf et l'âne. La Vierge d'adoration est agenouillée, les mains jointes, devant son Fils couché dans une crèche et enveloppé dans une feuille de palme. Trois angelots ravis se pressent près du nouveau-né et l'un d'eux se tourne admiratif vers Marie. Joseph est debout en retrait, son chapeau respectueusement ôté. Le pan du manteau de la Vierge placé sous l'Enfant est encore dans la tradition du XV*[e] *siècle. La scène, sculptée avec sensibilité, est empreinte d'une grande émotion.*

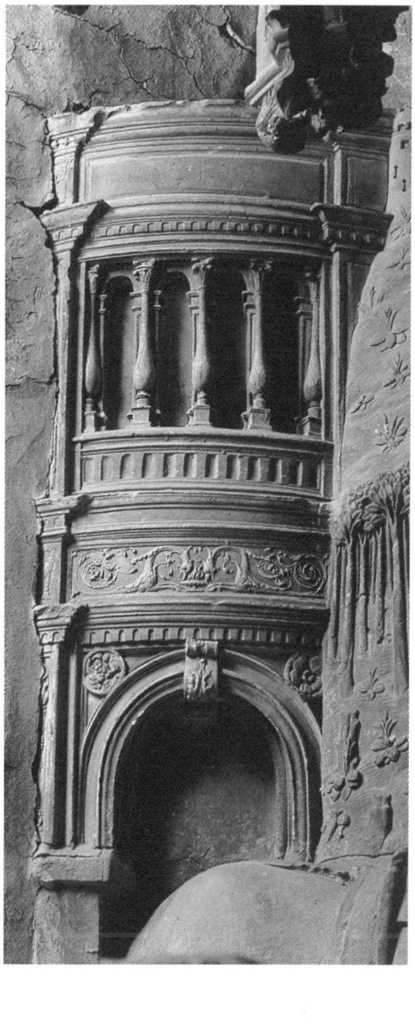

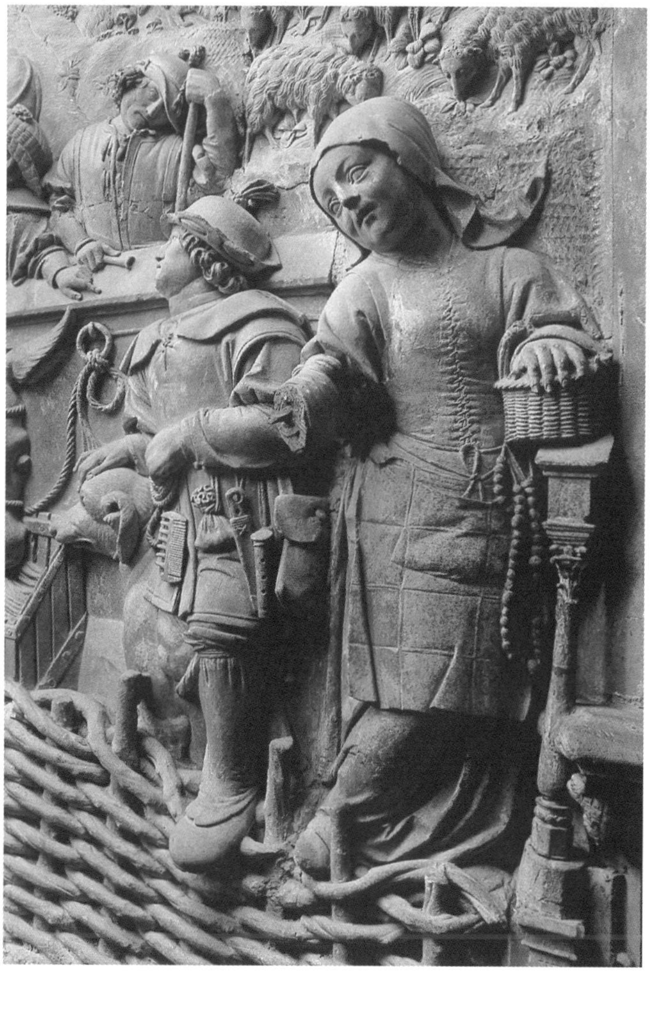

L'Annonce aux bergers,
(Lc 2, 8-13 et 15-16).
Sur le pilier est sculpté un relief pictural (relief dont les volumes s'accusent graduellement, du fond de la scène vers le premier plan, donnant un effet de perspective) représentant l'Annonce aux bergers, également sans conteste de la main de Soulas. Bien qu'exécuté dans un esprit encore médiéval, ce relief voit l'introduction du style Renaissance dans la figuration, au fond, de la petite architecture. Un ange annonce la naissance du Christ aux bergers qui veillent la nuit dans les pâturages ; ils accourent pour le connaître. Cette scène champêtre se mêle tout naturellement à la scène de la Nativité. À droite, le bœuf et l'âne émergent du fond, des bergers sonnent de la cornemuse, deux autres enjambent la clôture. Le parti de sculpter des scènes sur les piliers sera très vite abandonné. Sur l'ensemble du Tour du chœur, il n'en existe que quatre, toutes situées du côté sud.

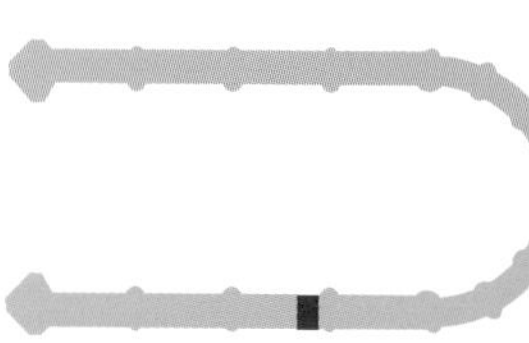

Troisième travée sud, quatrième section.

La Circoncision

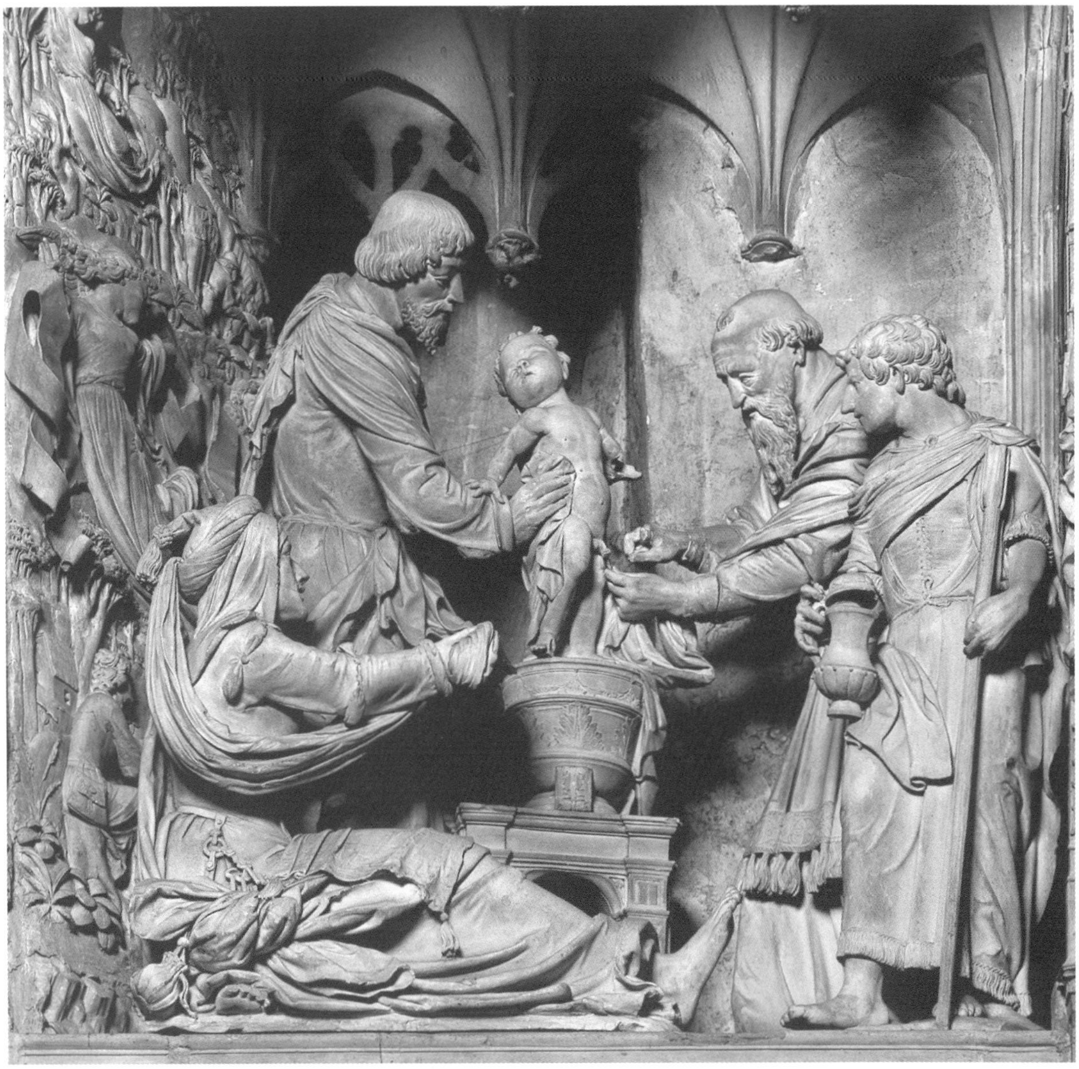

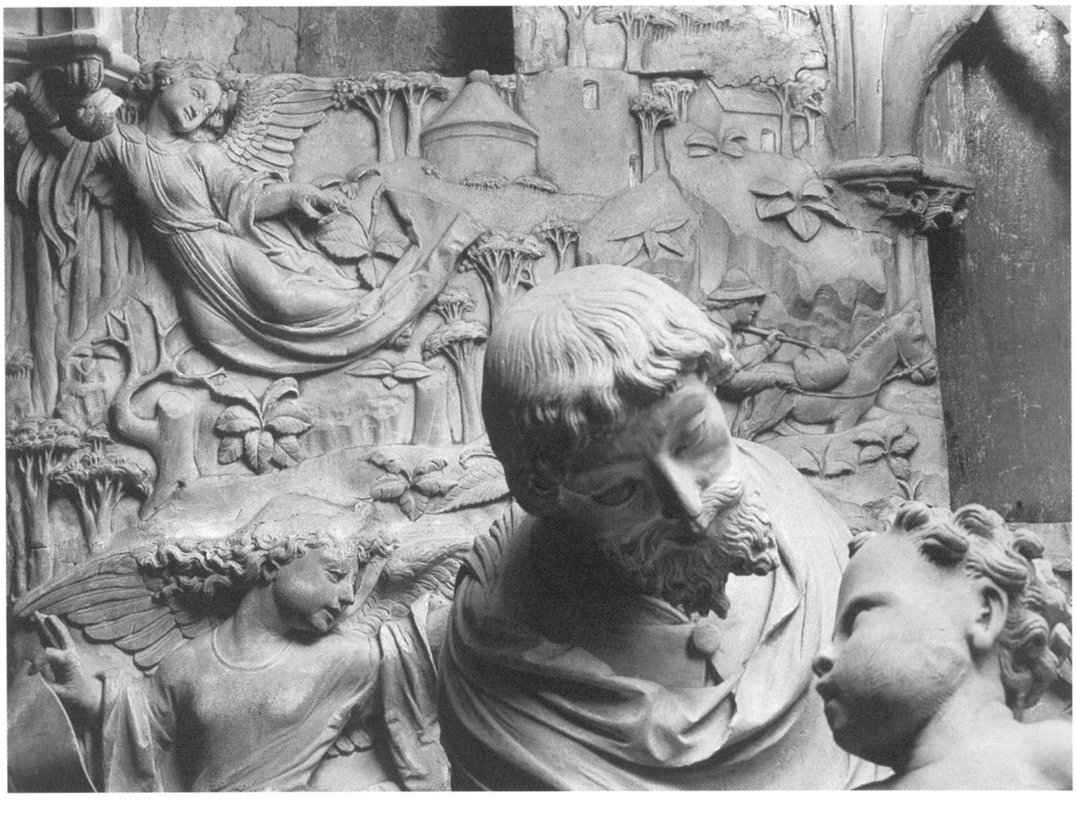

La Circoncision,
attribuée à Jehan Soulas
entre 1521 et 1535
(Lc 2, 21).
Cérémonie rituelle de purification qui donne à l'enfant son prénom hébreu et permet son entrée dans la communauté juive, la circoncision a traditionnellement lieu huit jours après la naissance. L'Évangile de Luc est le seul à mentionner la Circoncision de Jésus.
La scène se passe au Temple en présence de Marie, ce qui constitue un contresens religieux car la mère ne pouvait pénétrer dans le lieu saint qu'après sa propre purification, quarante jours après la naissance. Marie, au premier plan, est assise au sol. Le vieux prêtre, assisté d'un jeune homme, est en train de pratiquer l'opération sur Jésus, debout sur le bassin et maintenu par Joseph. Le visage de l'Enfant est contracté par la douleur, montrant en cela sa nature humaine. Le réalisme très fort de la scène occulte le caractère religieux. Sur le pilier à gauche, Jehan Soulas a représenté en bas-relief la Glorification des anges, la Circoncision constitue en effet, par le sang versé, le premier sacrifice du Christ.

Quatrième travée sud,
première section.

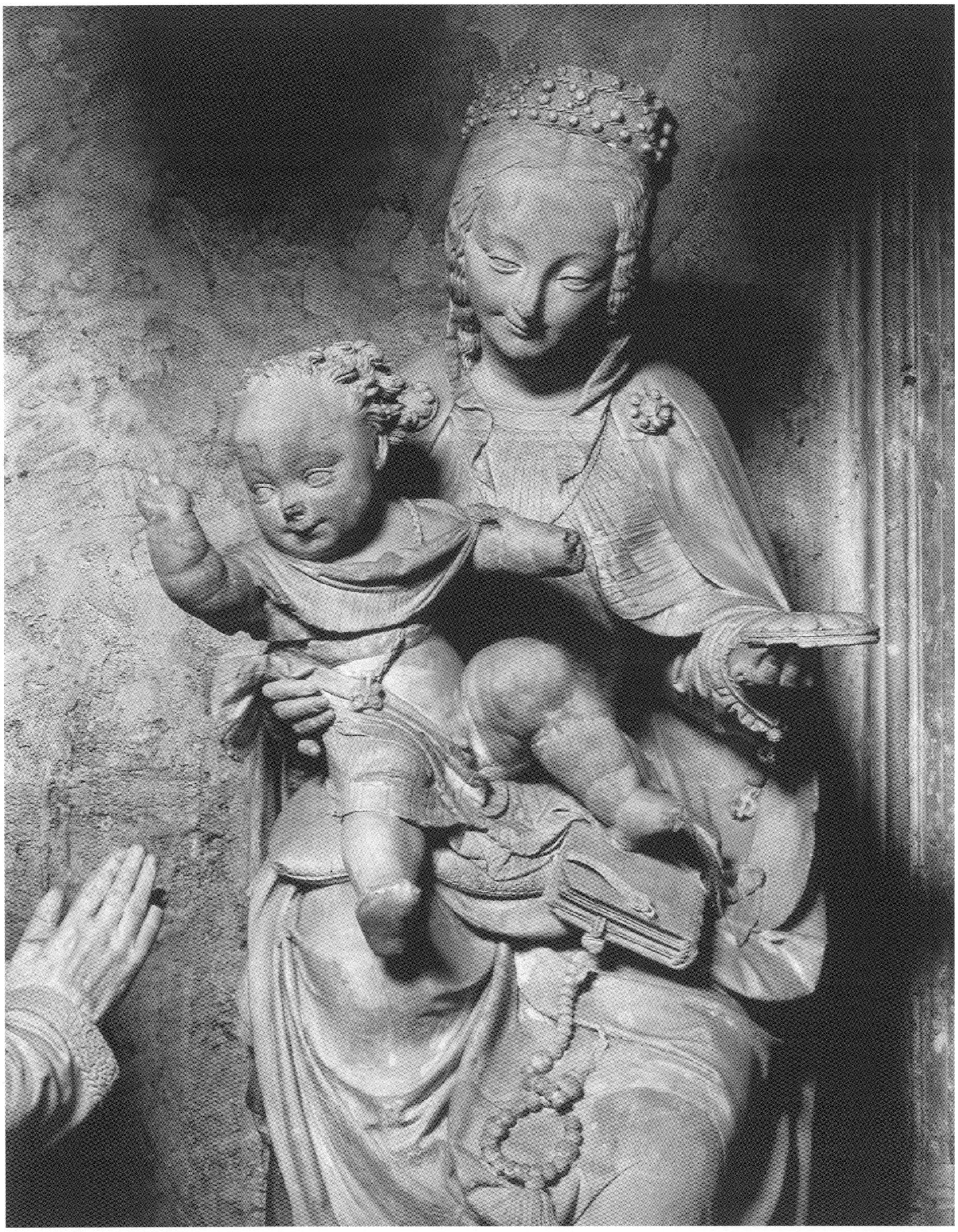

L'Adoration des Mages,
attribuée à Jehan Soulas
entre 1521 et 1535
(Mt 2, 1-12).
L'iconographie de l'Adoration des Mages n'est développée que dans les Évangiles Apocryphes. Des mages arrivent d'Orient en quête du roi des Juifs, dont une étoile leur a révélé la naissance. Soulas a choisi de placer la Vierge dans la partie droite de la niche, et non au centre, ce qui lui a permis de développer la scène du défilé des mages. Figurée en majesté, Marie présente l'Enfant Jésus qui les bénit joyeusement. Les mages sont vêtus comme de riches seigneurs du XVIe siècle. Le traitement des silhouettes, les lourds drapés qui retombent le long des corps et les traits accentués des visages révèlent une influence germanique. La Vierge, fine et aux traits doux, tenait dans la main le vase précieux (dont il ne reste que le pied) offert par le mage agenouillé. C'est une scène vivante, Jésus est un petit garçon plein de charme et de vigueur. La tradition admet généralement que l'Adoration des Mages a précédé la Circoncision. Le chapitre cathédral a adopté ici le parti inverse, la raison en est peut-être simplement une question d'espace : cette niche plus grande que la précédente, a permis l'épanouissement de la scène.

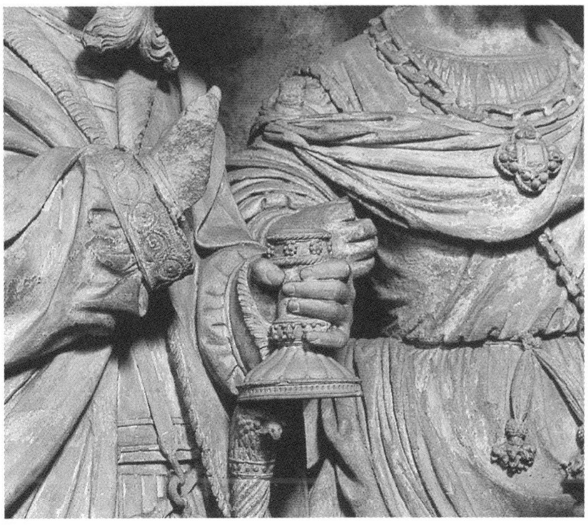

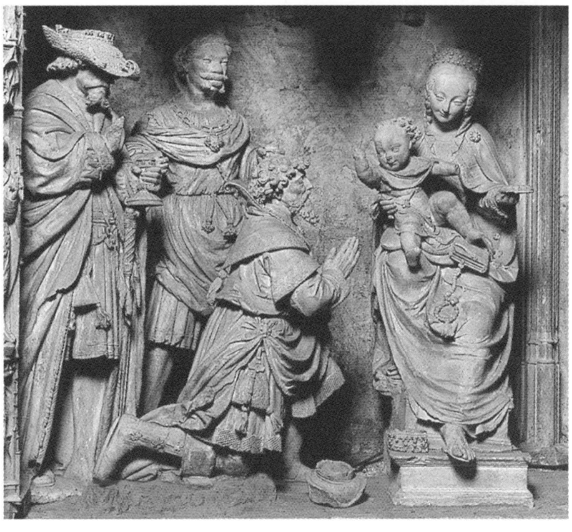

Quatrième travée sud, deuxième section.

La Présentation au Temple

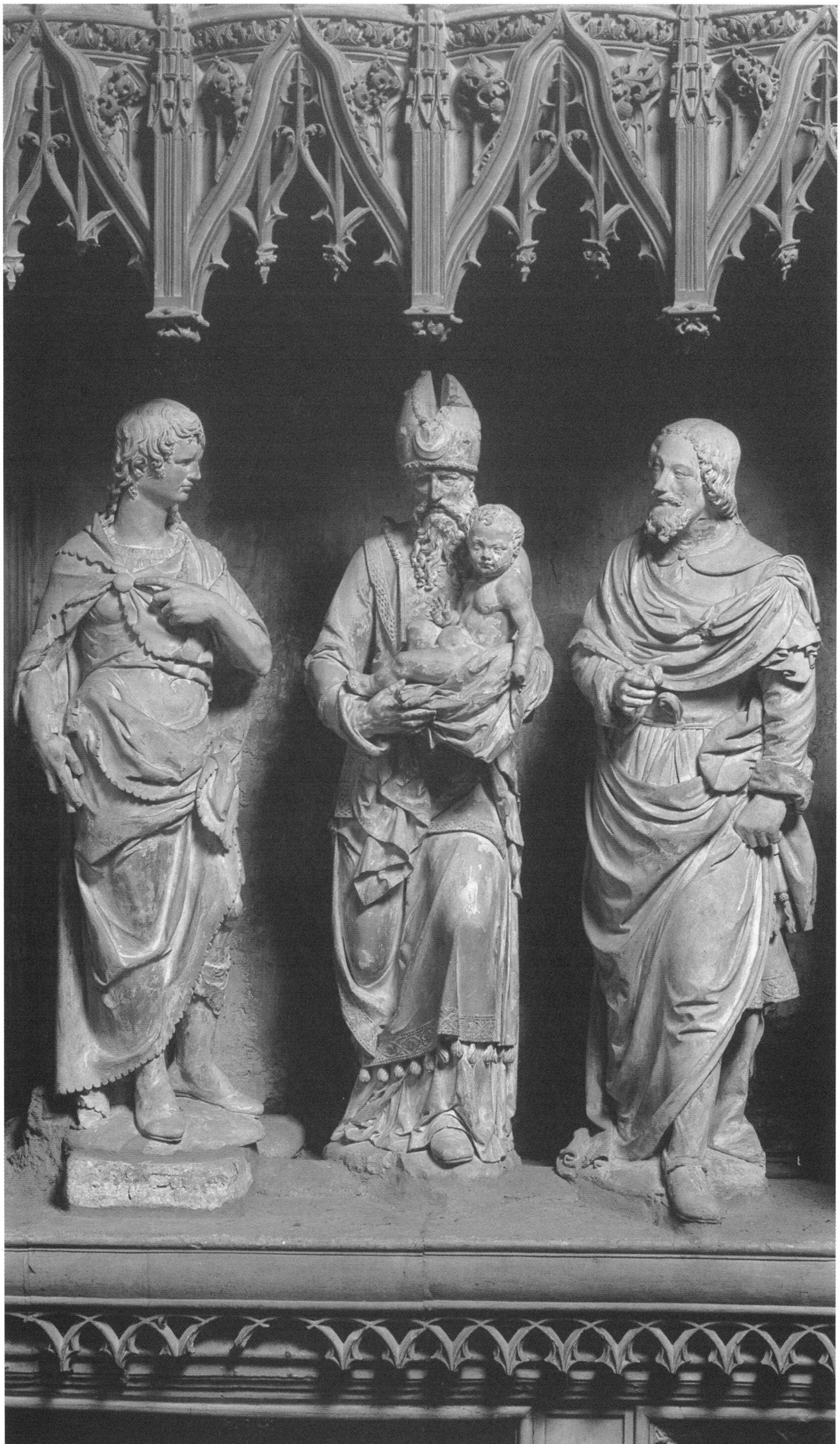

La Présentation au Temple,
par François Marchand en 1542-1543 (Lc 2, 22-28).
C'est la seconde cérémonie rituelle, associée à la purification de la Vierge, qui a lieu quarante jours après la naissance. Jésus est amené au Temple par Marie et Joseph afin de le consacrer à Dieu. Un marché est passé le 12 septembre 1542 avec le sculpteur François Marchand pour deux groupes et un bas-relief en pierre de Tonnerre. Il précise que la Présentation au Temple *doit être posée avant le 15 août 1543, les scènes doivent comporter cinq personnages et s'inspirer de celles de Jehan Soulas. François Marchand a respecté les termes de la commande en reproduisant Joseph avec les mêmes traits que dans la* Circoncision. *La scène ne comporte toutefois que quatre personnages : le vieillard Siméon au centre qui porte Jésus bénissant, à droite Joseph, et à gauche un personnage non identifié. Peut-être ce dernier a-t-il remplacé la Vierge, à moins qu'elle ait été le cinquième personnage stipulé dans le contrat, et qu'elle ait disparu par la suite. La scène, qui manque d'unité, est manifestement incomplète.*

Quatrième travée sud, troisième section.

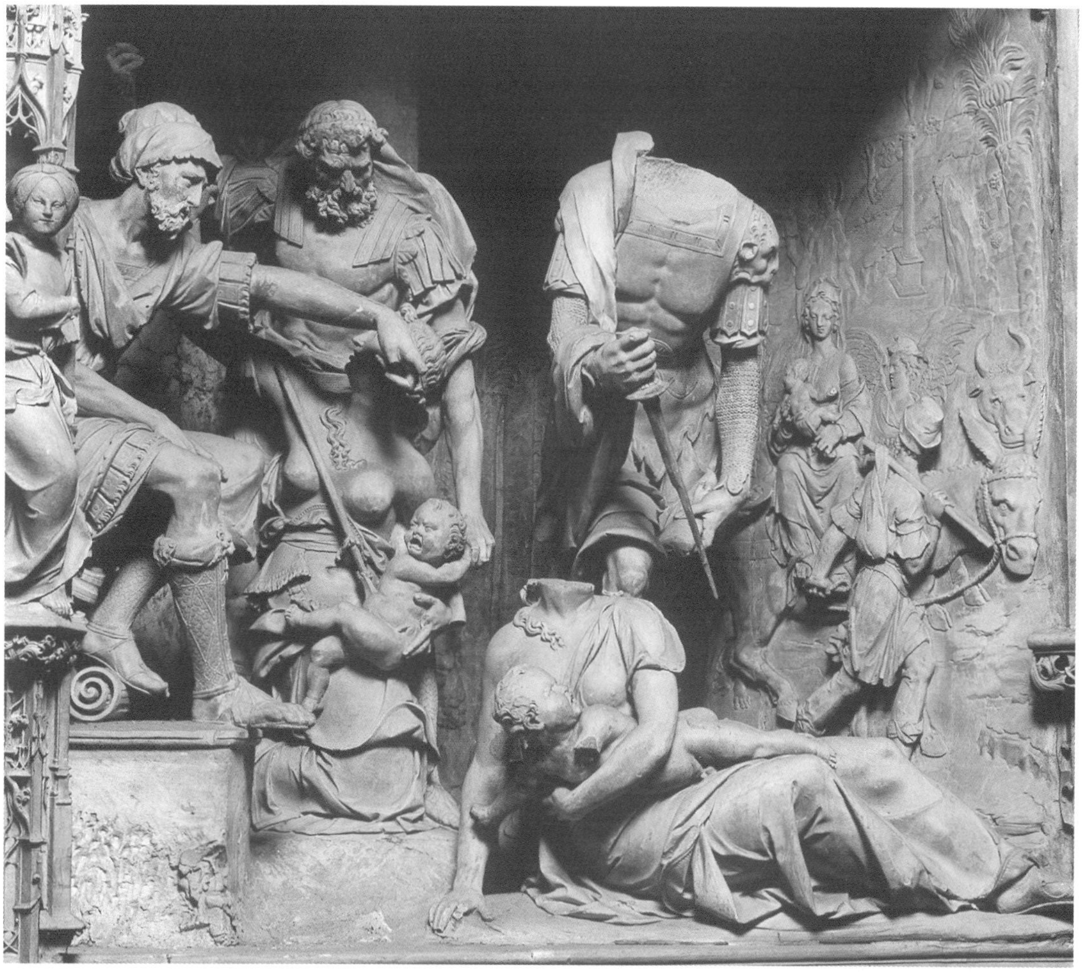

Le Massacre des saints Innocents,
par François Marchand en 1542-1544 (Mt 2, 13-18).
Le roi Hérode le Grand qui gouverne la Palestine et craint de voir son trône menacé par le roi des Juifs, ordonne de tuer tous les enfants de Bethléem, de deux ans et moins.
Devant Hérode qui donne l'ordre de la tuerie par un geste brutal, les soldats transpercent de leurs lances les corps des enfants.
Les mères essaient désespérément de les protéger et de les soustraire à la mort. La scène a subi des mutilations, les têtes d'un soldat et de la femme du premier plan ont disparu ; la coupe nette des cassures suggère un acte volontaire.
L'exécution est sûre, François Marchand a su imprimer à la scène un souffle dramatique. Sa profonde culture antique se révèle ici beaucoup plus que dans la composition précédente.

Le contrat passé le 12 septembre 1542 prévoit aussi l'exécution d'un relief, la Fuite en Égypte, *à apposer sur le pilier à droite. Cette scène précède l'épisode du* Massacre des saints Innocents *dont elle constitue un élément. Joseph, après avoir été prévenu en songe du danger qui menace Jésus, emmène nuitamment sa famille en Égypte. Marie est assise sur l'âne, Jésus dans ses bras, et Joseph marche à leurs côtés. François Marchand s'est de nouveau inspiré de Soulas et a traité cette scène en relief pictural, comme l'*Annonce aux bergers.

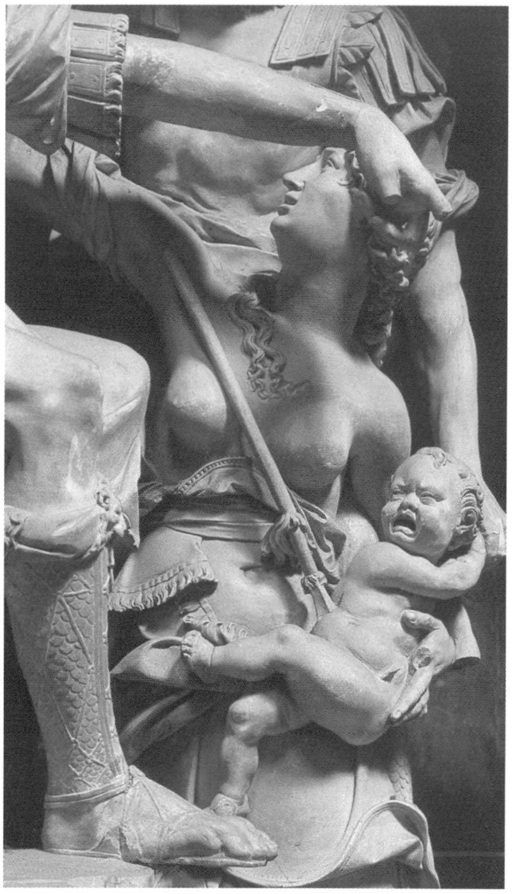

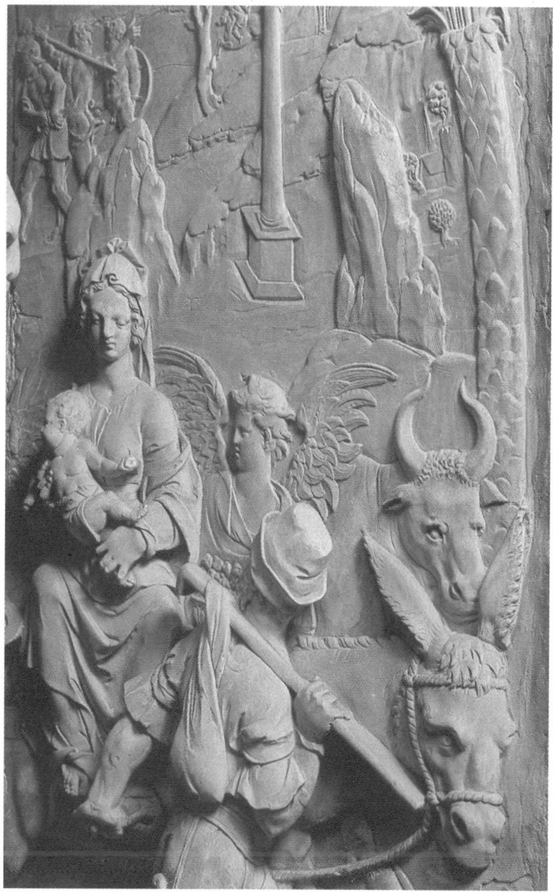

Quatrième travée sud, quatrième section.

Le Baptême du Christ

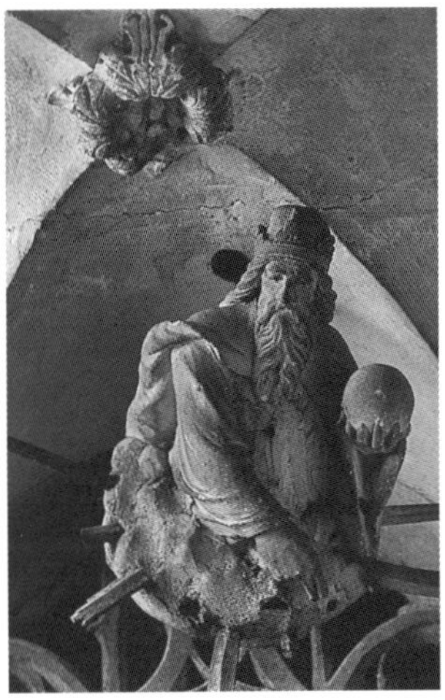

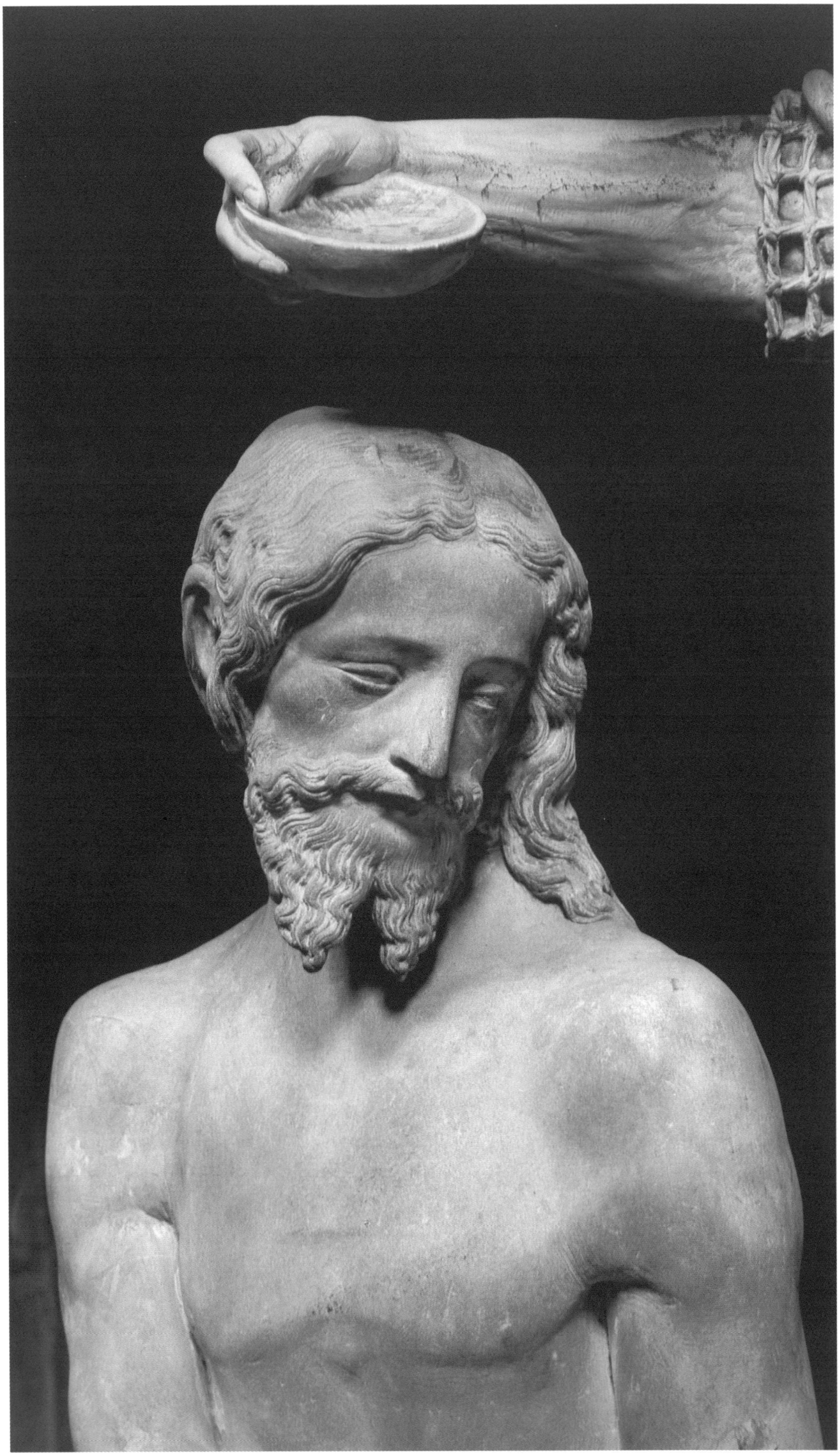

Le Baptême du Christ,
anonyme, 2ᵉ moitié du XVIᵉ siècle (Mt 3, 13-16 ; Mc 1, 9-11 ; Lc 3, 21-22).
Jésus vient de Nazareth vers le Jourdain pour se faire baptiser par Jean-Baptiste.
L'auteur du Baptême du Christ *est inconnu. Le groupe fut attribué par le passé à Nicolas Guybert, en raison de sa présence à Chartres de 1524 à 1548 où il gravite dans l'entourage de Jehan de Beauce. Cependant, sa production conservée est rare ; elle ne permet pas d'étudier son œuvre et d'avancer son nom de façon certaine.*
Jésus debout dans le Jourdain est baptisé par Jean-Baptiste qui verse sur sa tête l'eau lustrale. À gauche, un ange porte les vêtements du baptisé. Le beau visage du Christ reflète déjà le mystère de sa mission divine. Les éléments végétaux des berges du fleuve sont traités avec une extrême minutie. Les vêtements fluides de l'ange, la vigueur de Jean-Baptiste, l'élégance de l'ensemble révèlent un sculpteur à la technique accomplie.

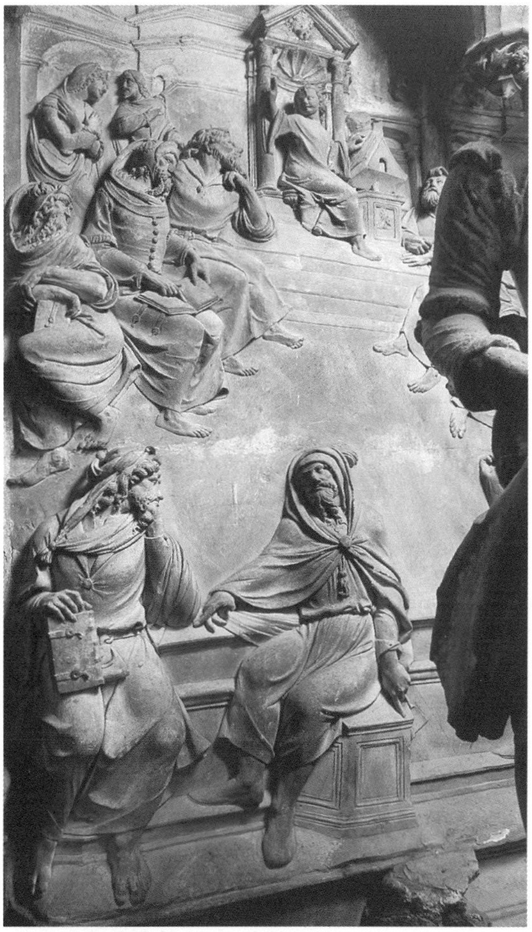

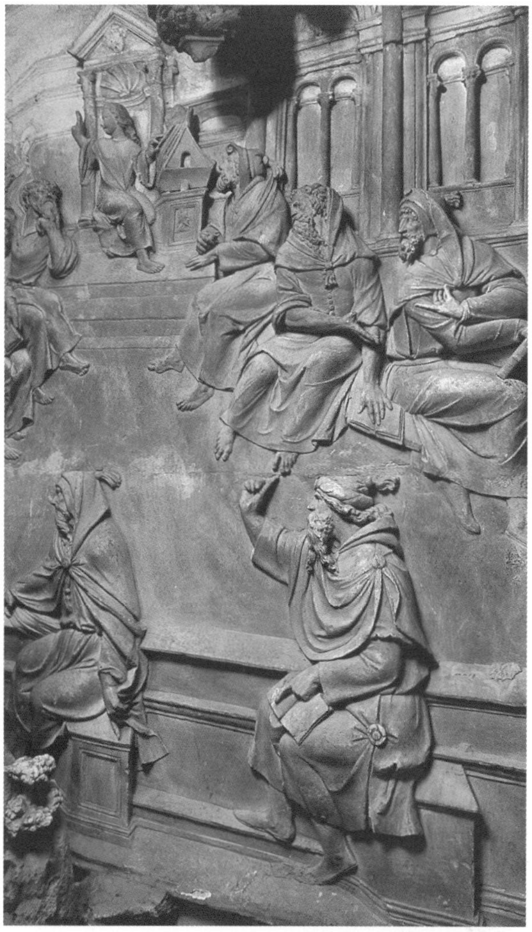

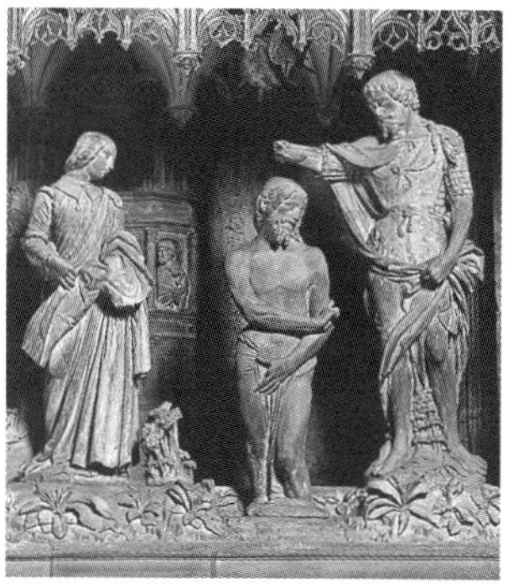

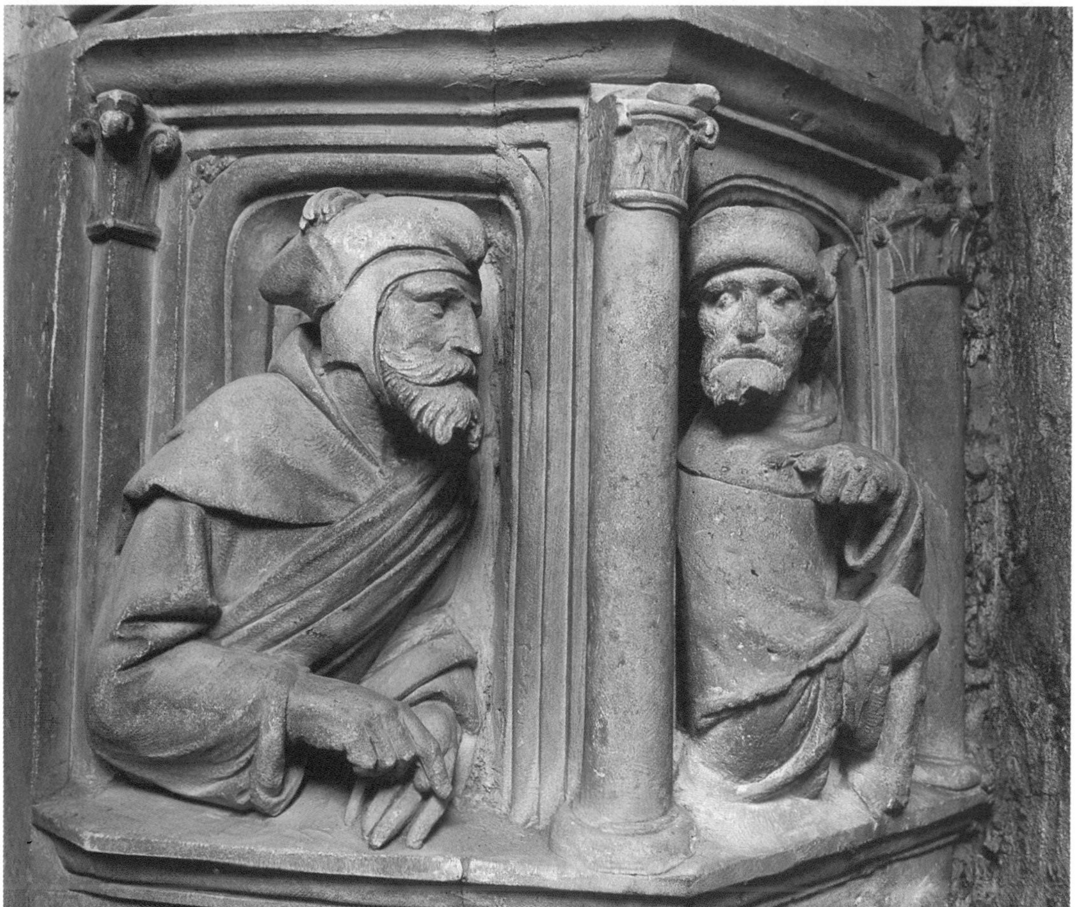

Jésus et les Docteurs,
(Lc 2, 46-47).
Jésus et les Docteurs, *sur le mur gauche, est le dernier bas-relief de la clôture de chœur sculpté en fond de niche. C'est la première manifestation du Christ enseignant âgé de douze ans. Jésus, demeuré dans le Temple de Jérusalem au milieu des docteurs de la Loi, converse avec eux, les étonnant par sa connaissance. Il est certain que l'ensemble de la niche a été commandé au même artiste, les visages aux traits francs sont identiques et le style présente la même pureté. Ces deux scènes regroupées ont une valeur symbolique :* Jésus et les Docteurs *termine le cycle de l'*Enfance du Christ, *le* Baptême *inaugure sa* Vie publique.

Cinquième travée sud, première section.

Les Tentations du Christ au désert

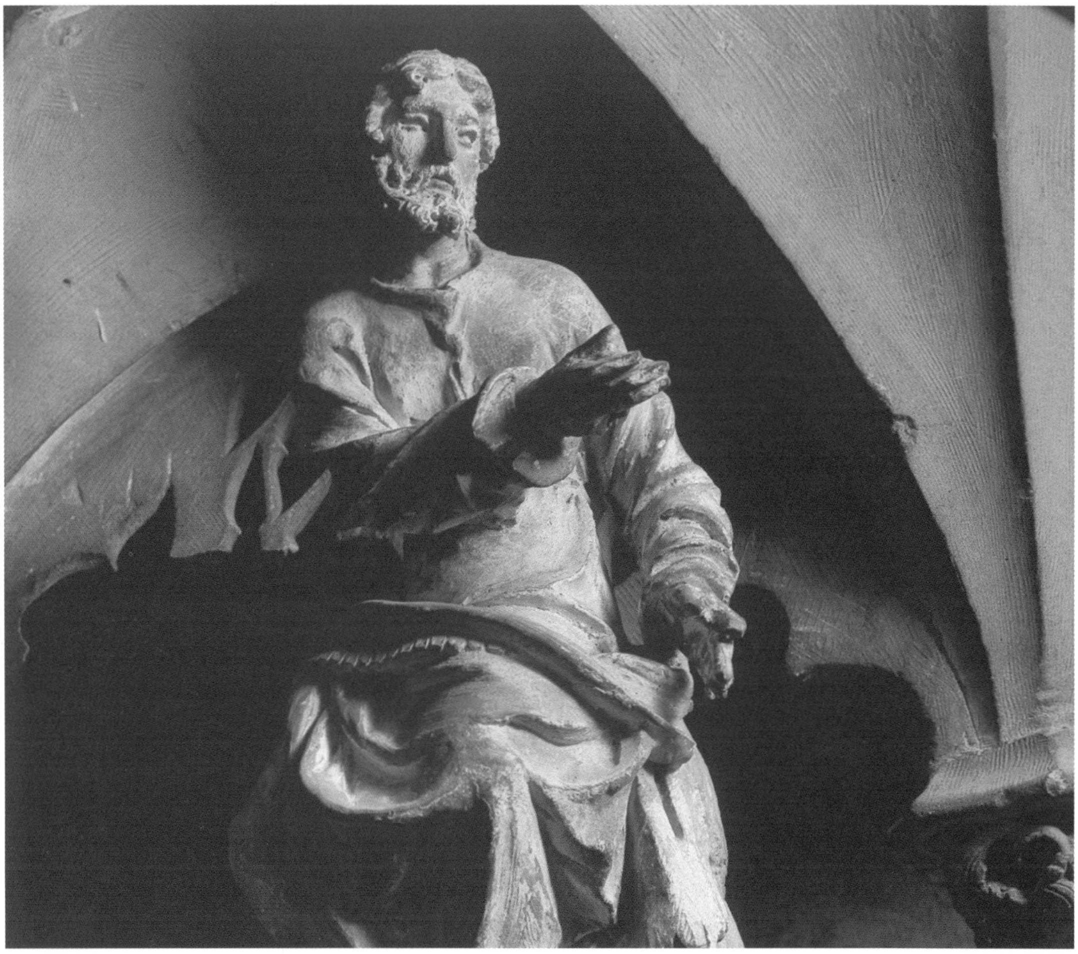

Les Tentations du Christ au désert,
par Thomas Boudin en 1611-1612 (Mt 4, 1-10 ; Mc 1, 12-13 ; Lc 4, 1-13).
Cette scène qui se situe en parallèle de la Vie publique constitue une mise à l'épreuve de Jésus dans une confrontation avec Satan alors qu'il s'est retiré dans le désert pour méditer. Les tentations successives, au nombre de trois, sont ici relatées en une seule scène, traitée à l'antique. Au premier plan, le Christ fait face à Satan qui a pris une apparence humaine mais est cependant trahi par ses pieds monstrueux. Le haut du corps, mutilé, a fait disparaître en même temps les deux pierres présentées au Christ. La deuxième tentation est figurée par le petit temple, situé à droite de la niche, au faîte duquel était posée une statuette du Christ, maintenant disparue. La dernière tentation est figurée au fond ; le Christ a été transporté au sommet de la montagne. Le contrat prévoyait également « la figure d'ung dragon suspendu à la voulte de ladicte arcade », *figure qui manque ou ne fut pas réalisée.*
Le marché passé le 20 août 1611 précise que le groupe doit être posé, ainsi que ceux de la Cananéenne et de la Transfiguration, *avant Pâques 1612.*

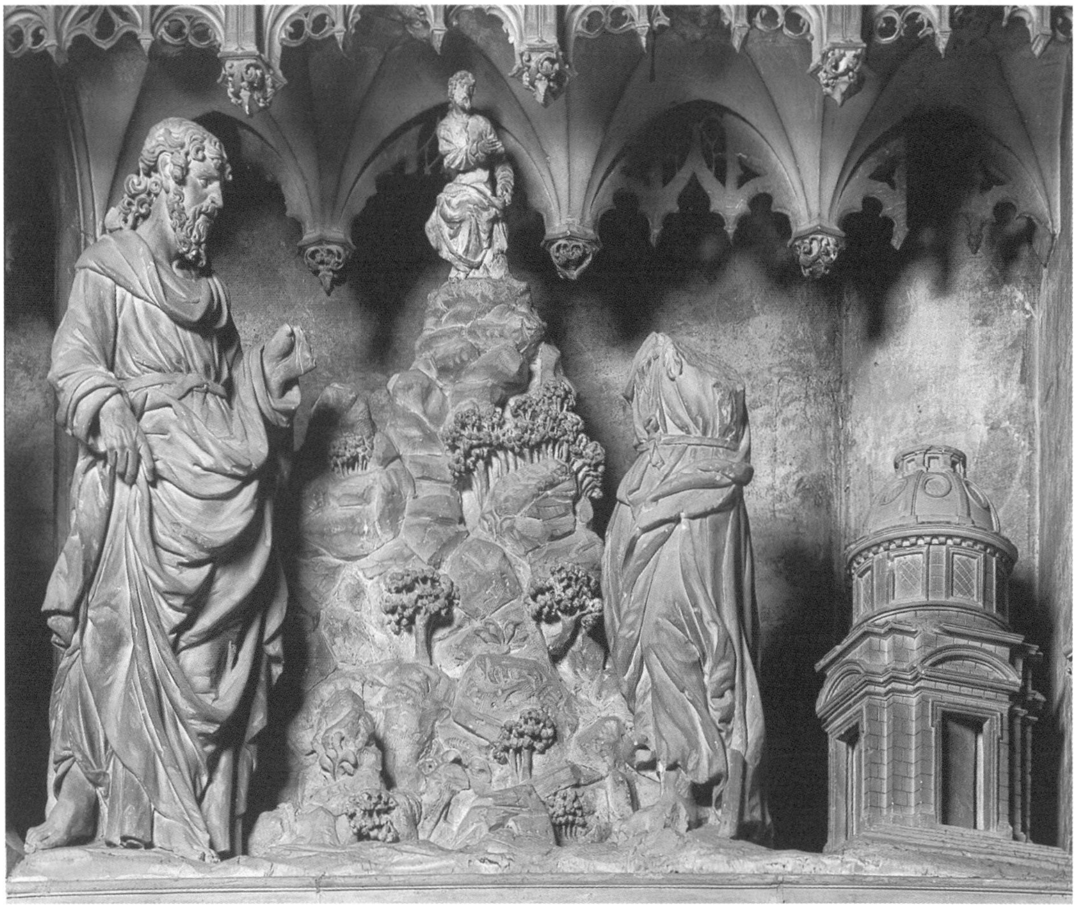

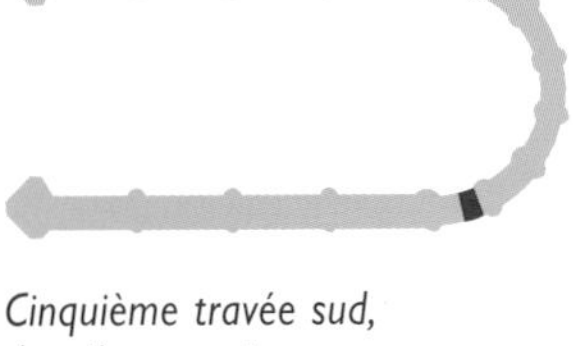

Cinquième travée sud, deuxième section.

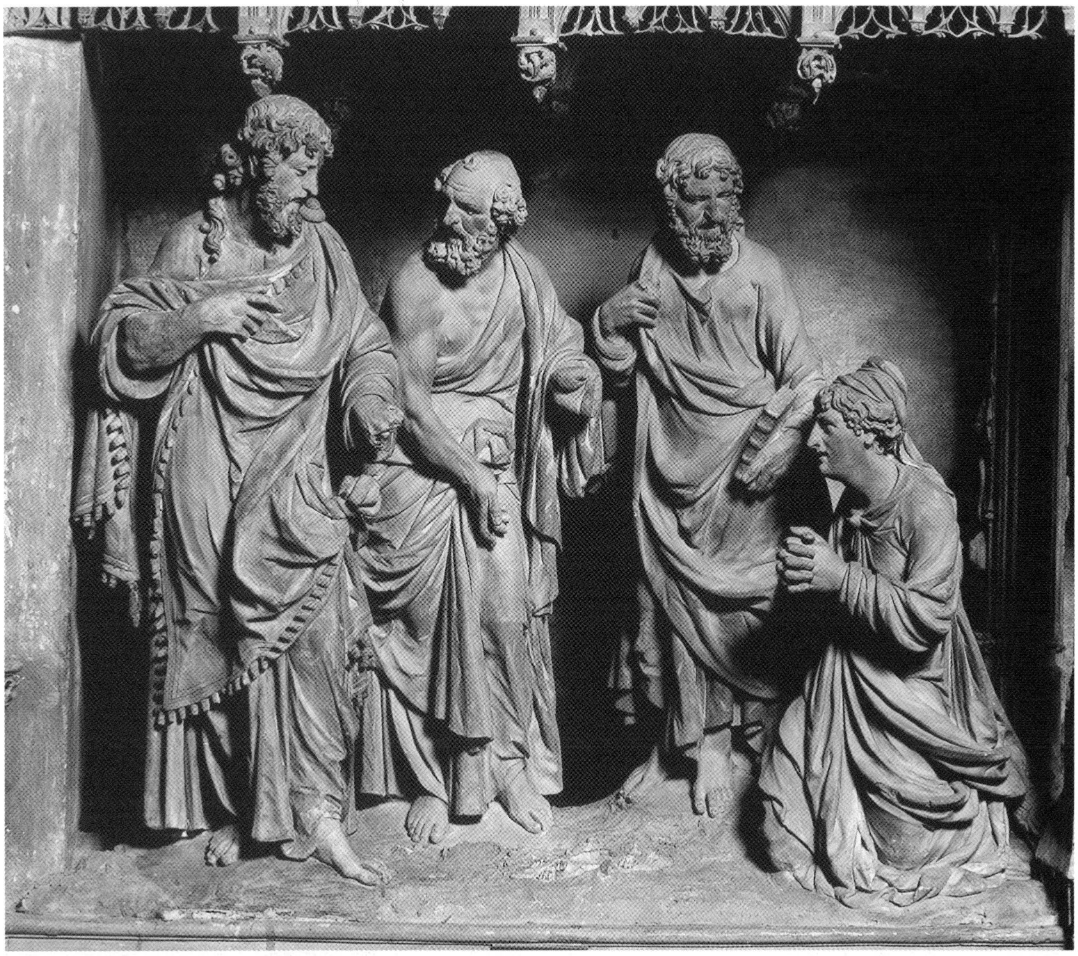

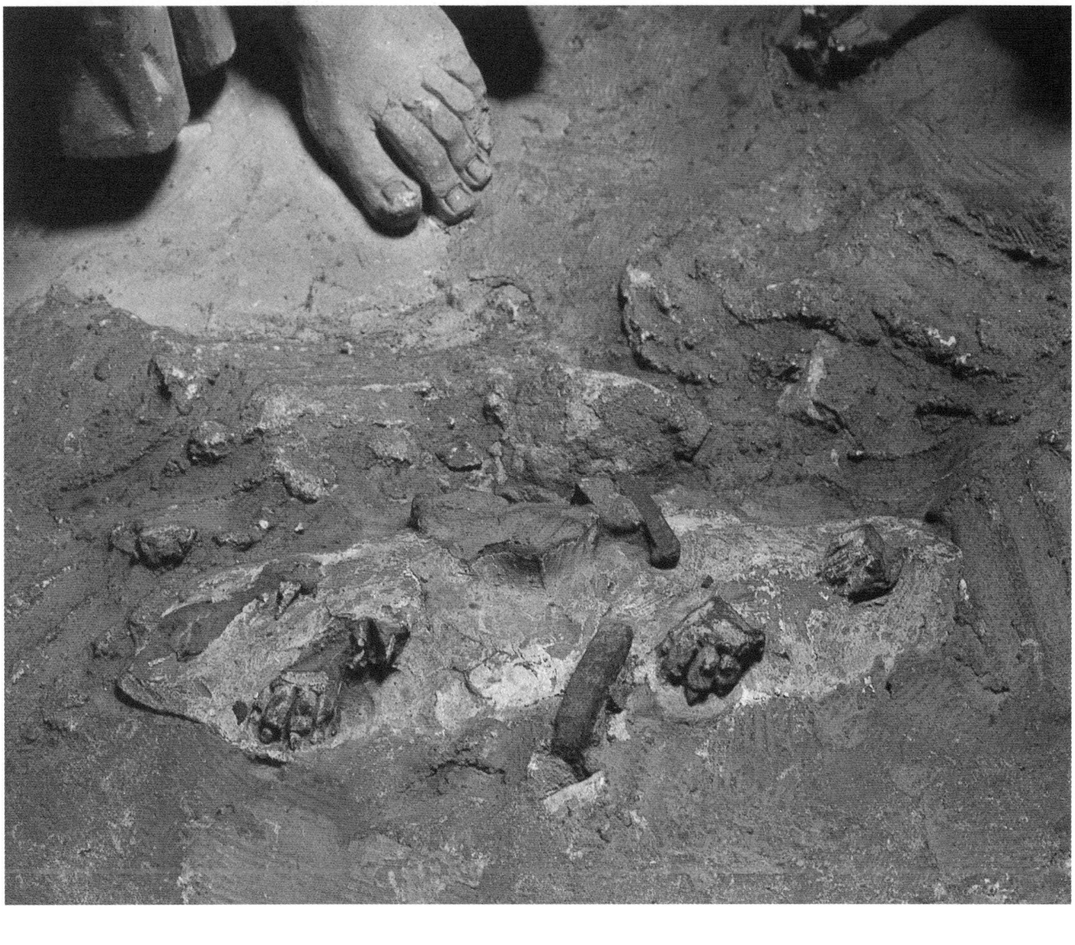

La Cananéenne,
par Thomas Boudin en 1612 (Mt 15, 21-28 ; Mc 7, 24-30). Il s'agit ici de l'un des deux miracles figurés sur le Tour du chœur. Jésus guérit une jeune femme possédée par le démon ; sa guérison symbolise la conversion à la foi chrétienne. Une Cananéenne se jette aux pieds du Christ lui implorant de guérir sa fille. Jésus la repousse d'abord mais les apôtres, importunés par l'obstination de la femme, insistent pour qu'Il lui fasse grâce. Jésus touché par sa foi exauce son souhait.
La femme est représentée à genoux les mains jointes, saint Pierre la désigne au Christ dans un geste de clémence. Le chien, attribut de la Cananéenne, dont il ne subsiste que l'extrémité des pattes, se trouvait au centre de la scène. Sa présence, étonnante, s'explique par le texte de l'Évangile où il est question de pain jeté aux chiens.
La Cananéenne *est l'une des deux scènes signées et datées par Thomas Boudin. Une petite plaque en marbre noir fixée sur le bord de la niche porte l'inscription :* T.BOUDIN..MIL.VI^{c}.XII.

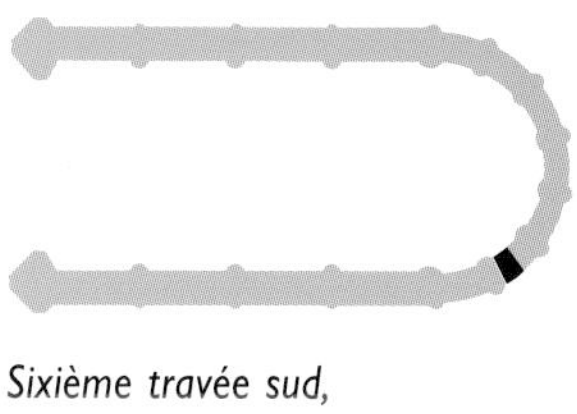

Sixième travée sud, première section.

La Transfiguration

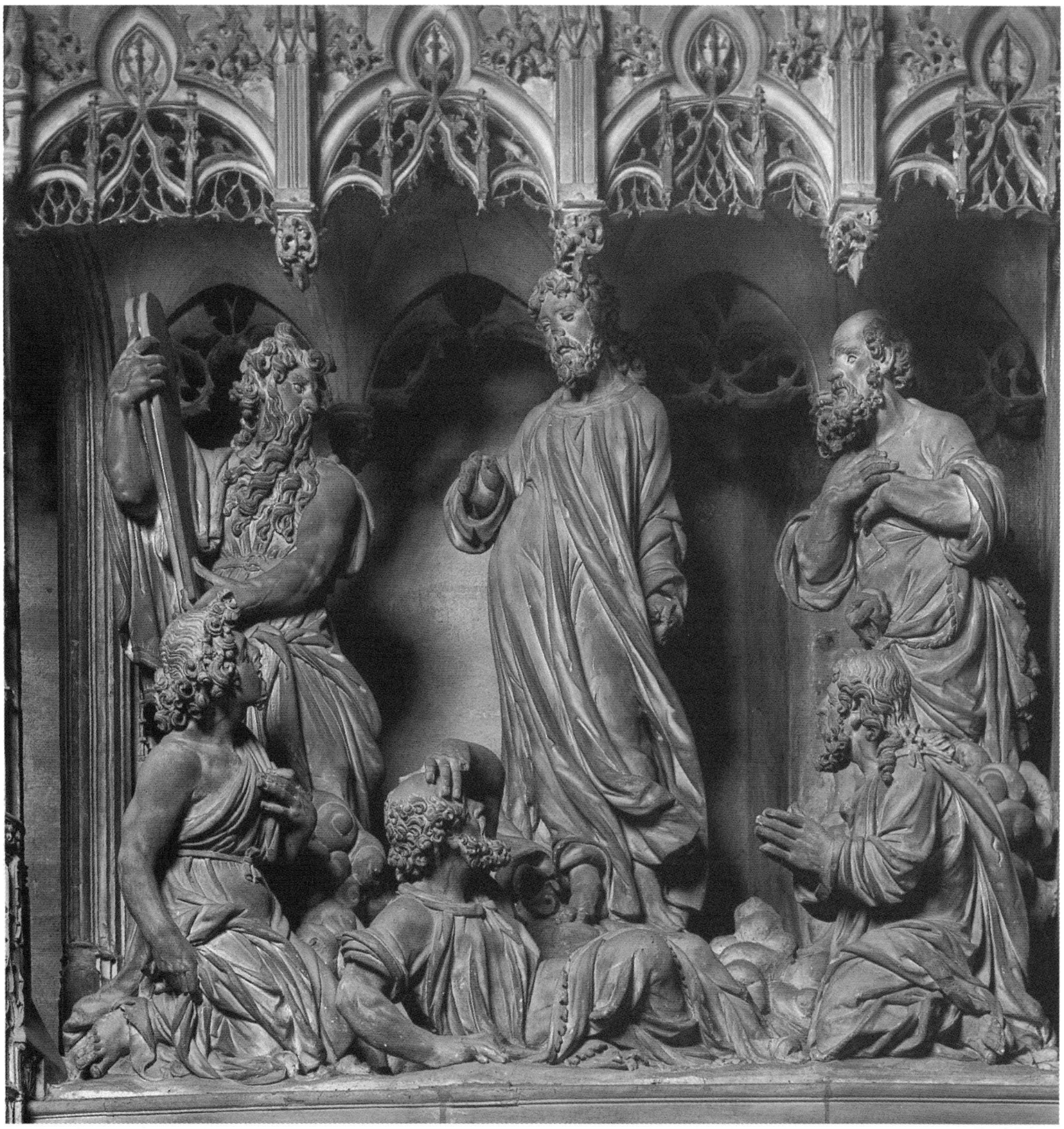

La Transfiguration,
par Thomas Boudin en 1611-1612 (Mt 17, 1-8 ; Mc 9, 1-13 ; Lc 9, 28-36).
La Transfiguration est l'événement de la Vie publique dans lequel l'essence divine du Christ se manifeste aux apôtres. Sur le Mont Thabor, Jésus apparaît transfiguré devant ses disciples éblouis, entre les prophètes Moïse et Elie.
La scène pourrait également avoir sa place dans la Glorification après la Résurrection.
Sur des nuées, Jésus au centre, entre Moïse à gauche tenant les Tables de la Loi et Elie, s'élève devant les apôtres effrayés, Pierre au centre, Jacques à droite et Jean, le plus jeune à gauche. La longue figure du Christ au corps étiré et au manteau qui s'envole, les attitudes et les gestes expressifs des personnages rattachent Thomas Boudin au courant maniériste tardif.

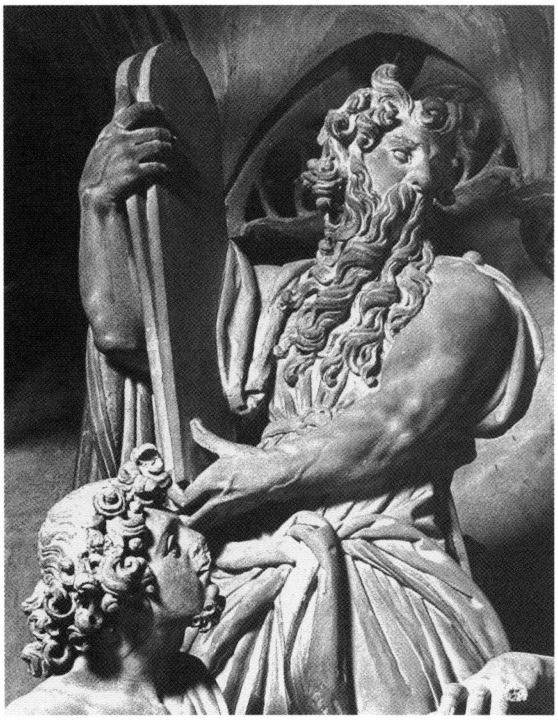

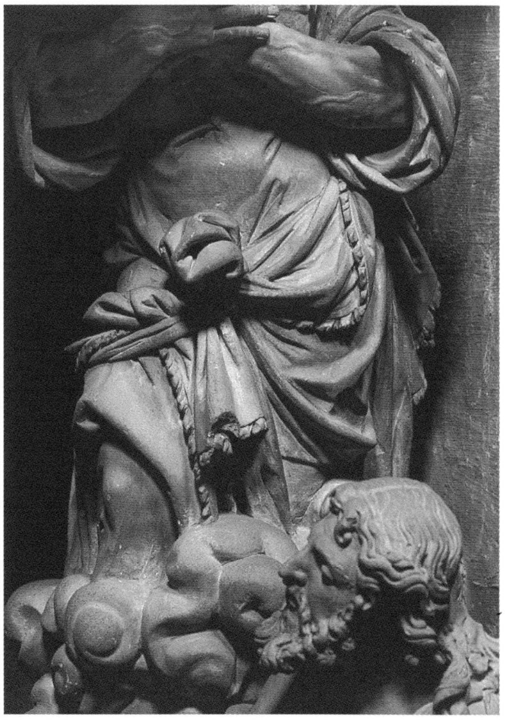

Sixième travée sud, deuxième section.

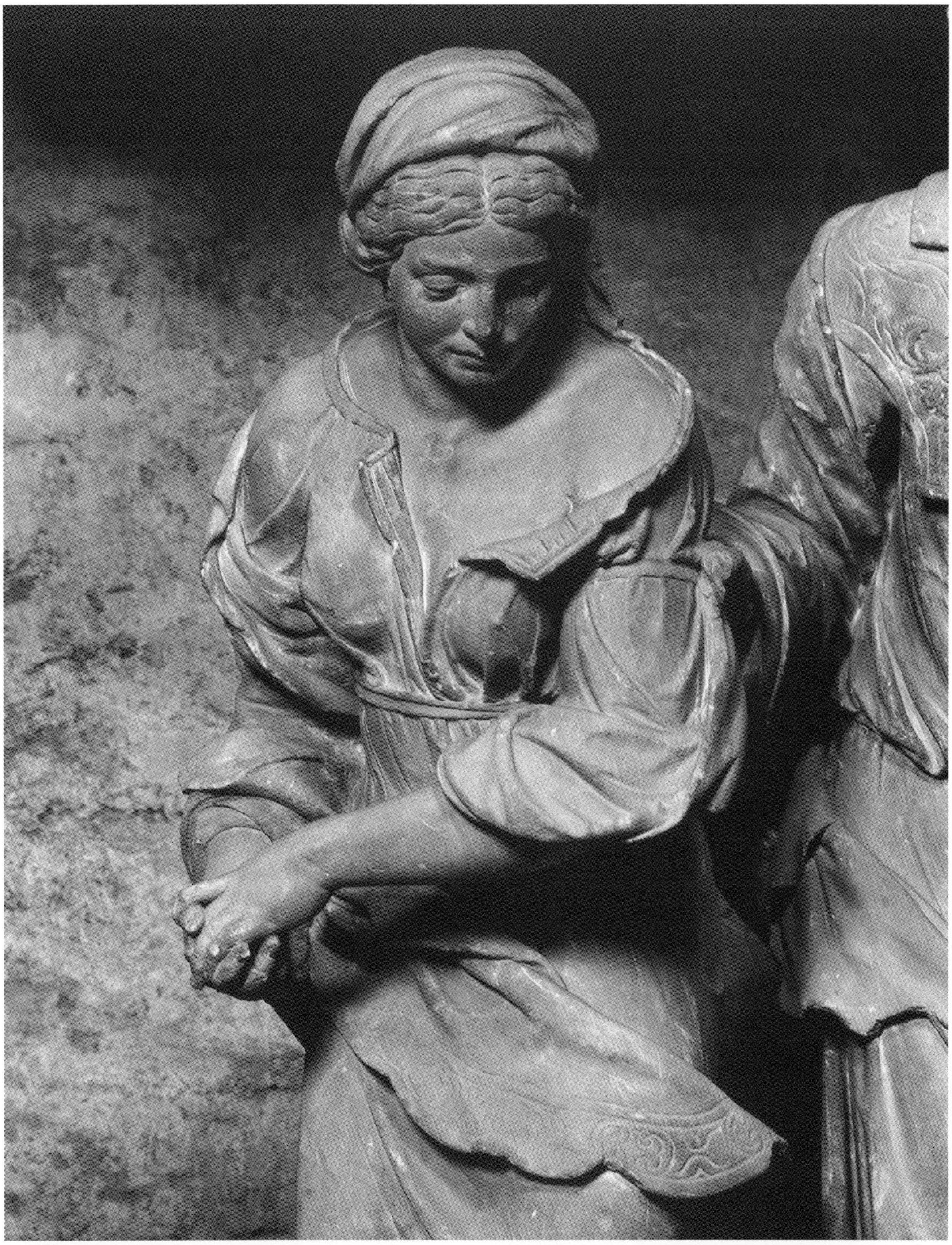

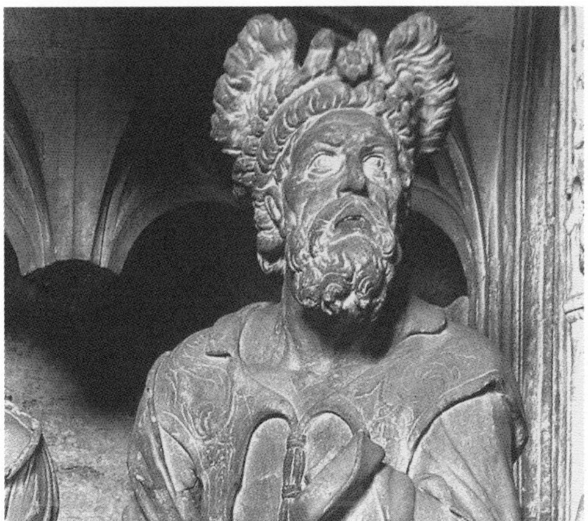

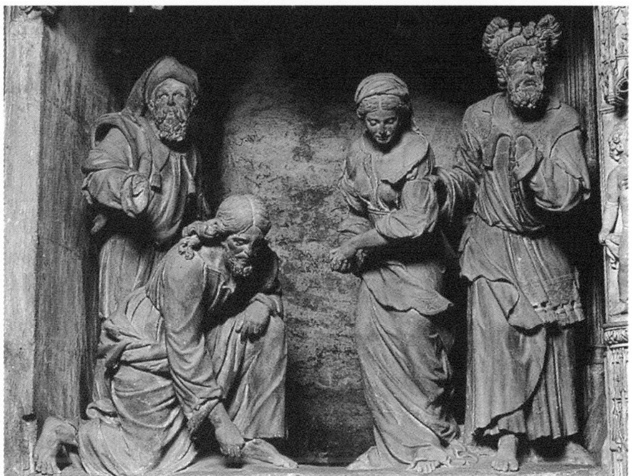

La Femme adultère,
par Jean Dedieu en 1678-1679 (Jn 8, 1-11).
La période d'Enseignement du Christ est illustrée par ce récit ; la scène s'adresse aux femmes qui ont péché mais pour lesquelles le Christ offre le pardon. Prise en flagrant délit d'adultère et passible selon la Loi de Moïse de la lapidation, une femme est conduite au Temple par des Pharisiens. Ceux-ci voulant confondre le Christ lui demandent son arbitrage.
Jésus agenouillé trace sur le sol son jugement : « Que celui d'entre vous qui est sans péché lui jette le premier une pierre *». La femme humble et désespérée, résignée à son châtiment, s'incline en joignant les mains dans un signe de pitié. La faute reprochée est discrètement suggérée par le corsage dégrafé. Les deux Pharisiens accusateurs sont furieux et dépités, l'un exprime une surprise indignée, le second esquisse un geste de reproche. La femme est belle, fine et délicate, tout en elle inspire la compassion et l'indulgence. Diverses influences se côtoient dans cette scène : influences italianisantes, manifestes dans l'élancement et la finesse de la femme et du Christ, qui contrastent avec les corps trapus et les visages burinés des Pharisiens, dont l'inspiration est plutôt germanique. Jean Dedieu a réalisé ici une œuvre sensible et magnifique.*
Les comptes du chapitre nous font connaître les soins apportés en 1678 pour trouver la meilleure pierre d'exécution. Une pierre tendre achetée à Orléans, le 13 mars, ne semble pas avoir donné satisfaction. Plusieurs voyages sont ensuite effectués par le chanoine Philippe Gouppy et Jean Dedieu, à Marboué le 29 août, à Louviers (Eure) et Vernon le 24 septembre.

Septième travée sud, première section.

La Guérison de l'aveugle-né

La Guérison de l'aveugle-né,
par Pierre Ier Legros en 1681-1683 (Jn 9, 1-35).
Le second miracle, choisi pour illustrer la mansuétude divine, est la guérison d'un homme atteint de cécité, qui symbolise plus généralement la guérison du genre humain. Jésus rencontre un mendiant aveugle, lui touche les yeux et lui rend la vue. Jésus, accompagné de deux disciples, est en train d'appliquer l'onguent sur les paupières closes de l'homme, confiant et serein. Le geste très doux du Christ, l'attitude abandonnée de l'aveugle et le naturel des apôtres qui devisent en marchant en font une scène vivante et très expressive.
Le groupe est posé le samedi 5 juin 1683, veille de la Pentecôte, et suscite l'admiration de tous les chanoines présents lors de la réception.

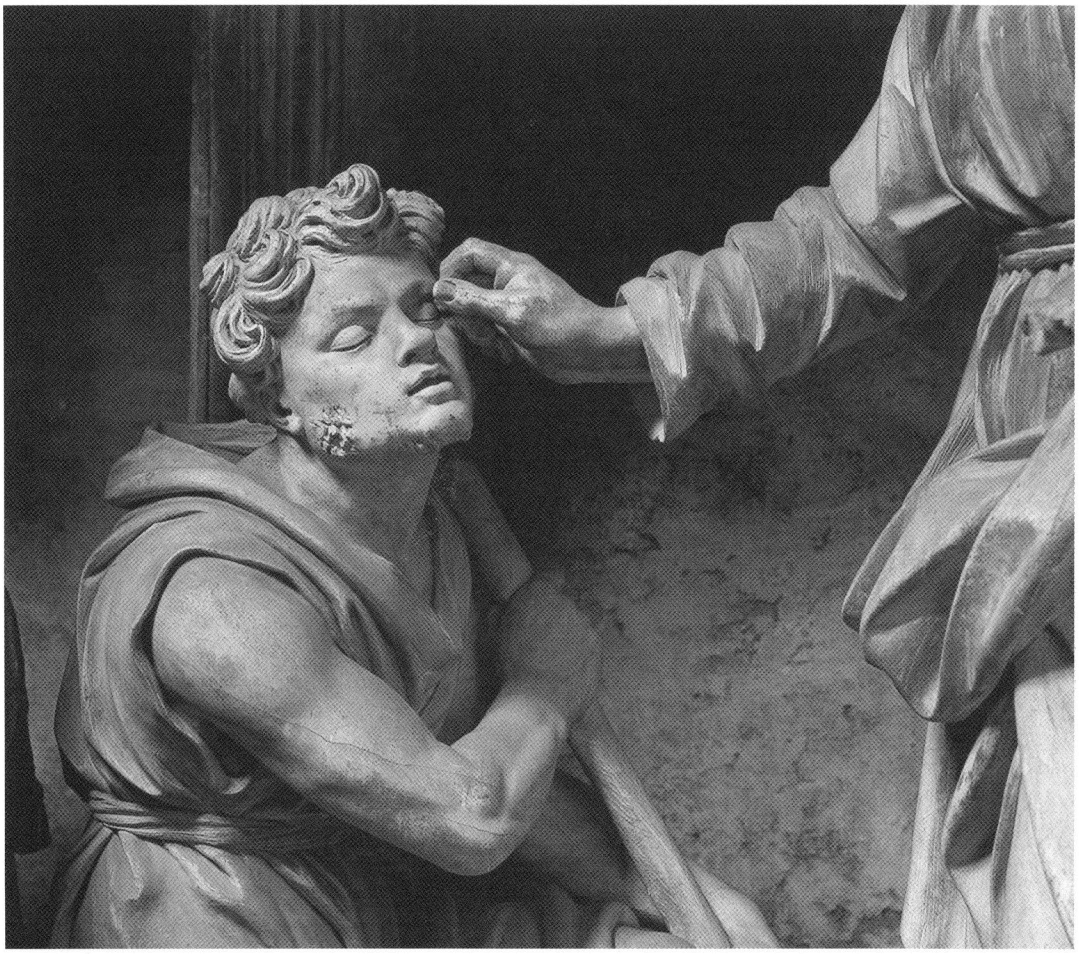

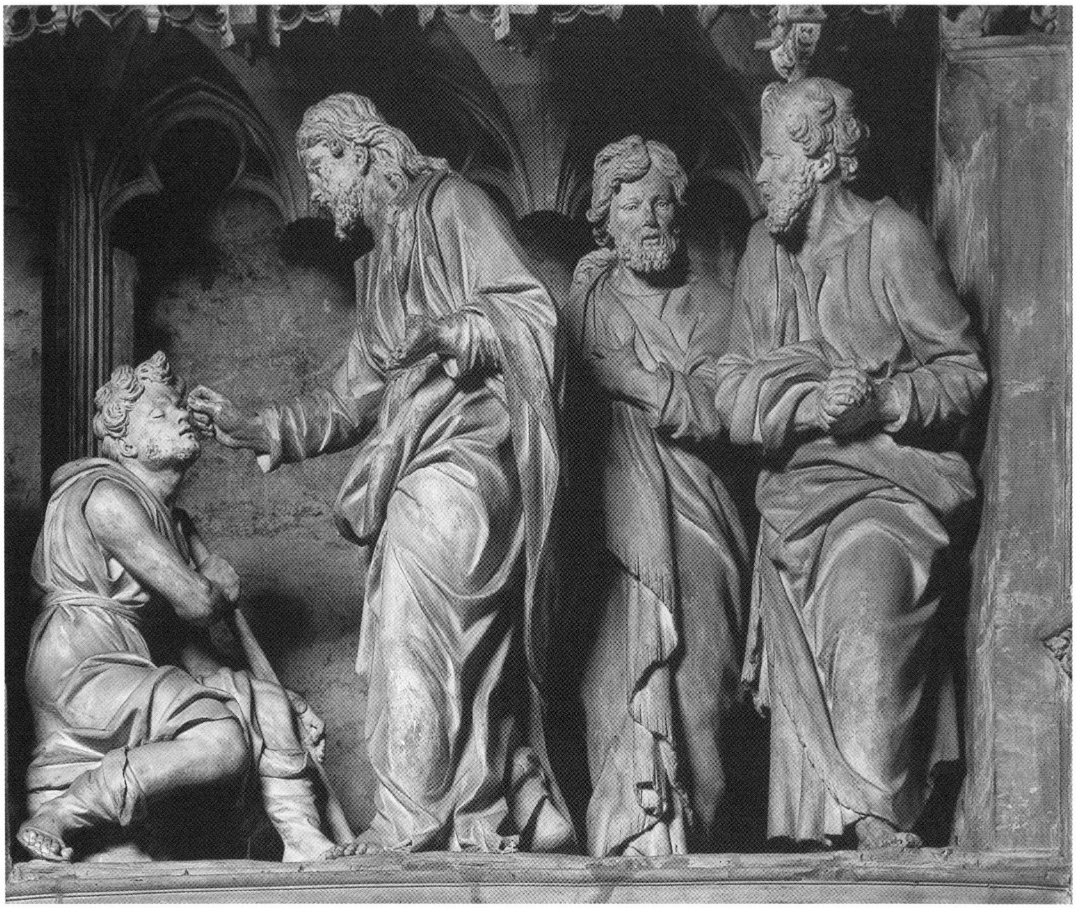

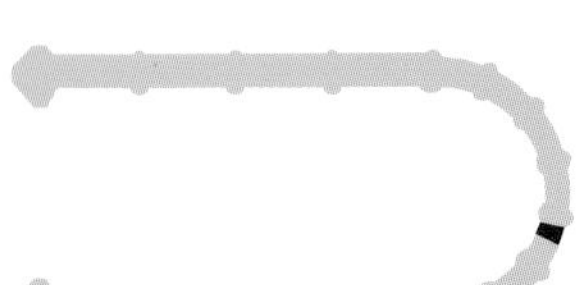

Septième travée sud, deuxième section.

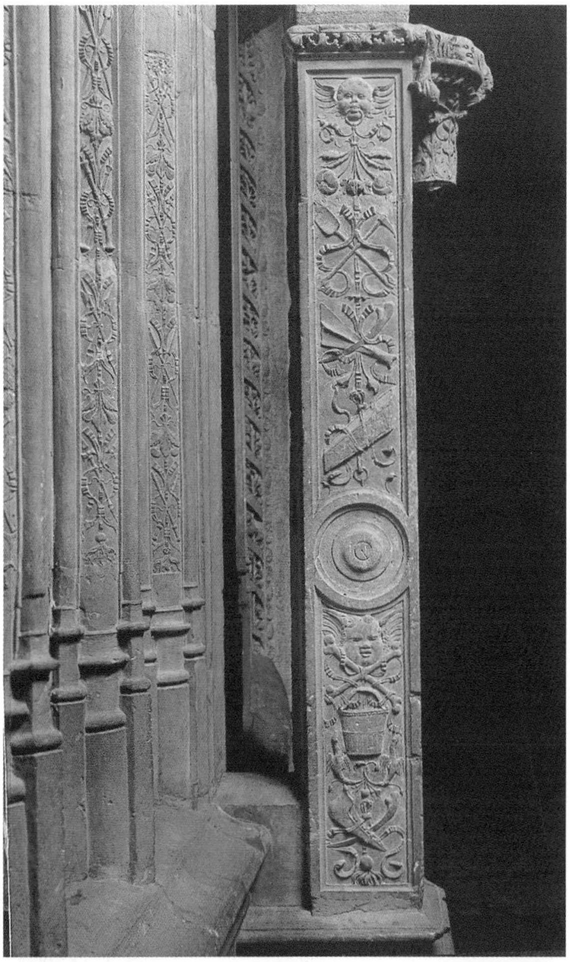

a

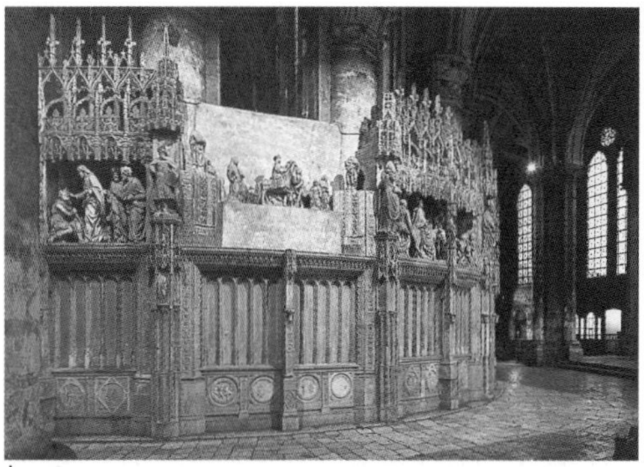

b

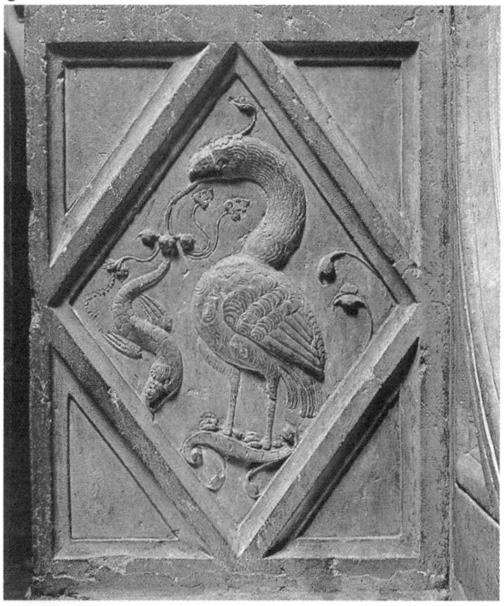

c

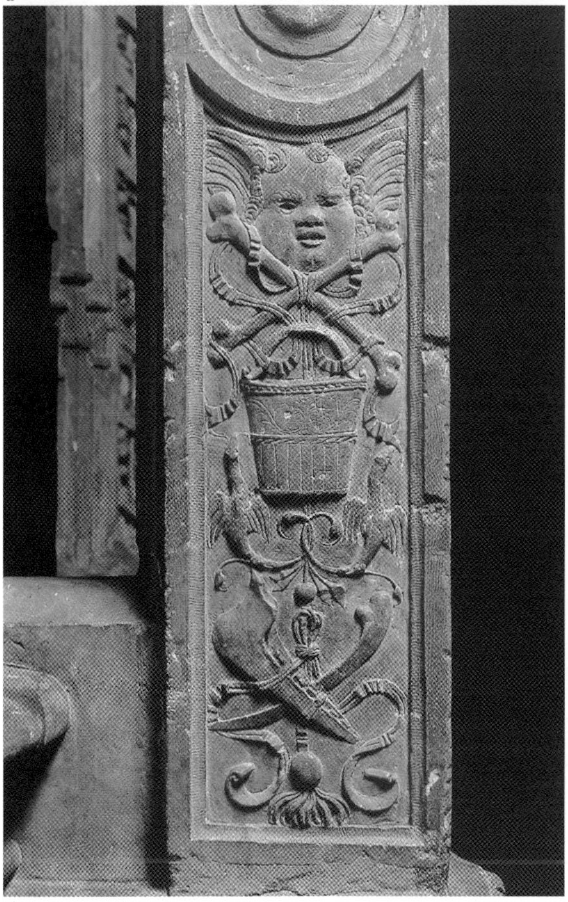

d

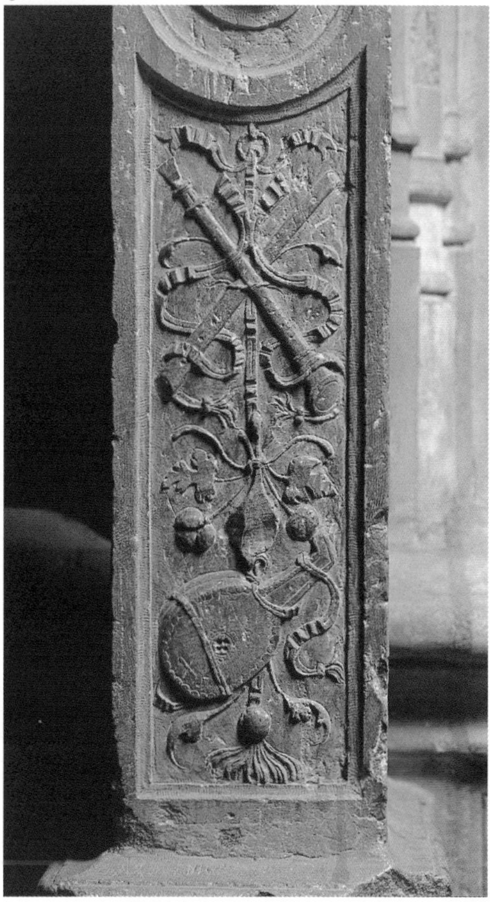

e

Le rond-point *(b) est achevé en 1527, comme l'atteste la date portée sur le pilastre placé au milieu de la travée. Pour monter à la plate-forme où étaient exposés les châsses et les reliquaires (et où sont présentées maintenant quelques sculptures), un escalier, détruit à la fin du XVIII*[e] *siècle, avait été construit à l'intérieur du chœur.*

Si, par les deux niveaux supérieurs, la travée du rond-point diffère des autres travées de la clôture, il n'existe par contre aucune rupture dans le traitement et l'ornementation de la claire-voie et du soubassement. Le pilastre central, largement détaché de la paroi, est sculpté sur les trois faces visibles. Celles-ci sont ici partagées en deux zones par un disque, motif populaire cependant peu utilisé à Chartres. Le retour gauche (a) est décoré sur toute la hauteur d'une chute d'instruments liés au rite funèbre. Retenus par une figure, ici un angelot, les éléments décoratifs sont suspendus à un anneau, composition classique à la Renaissance. Les motifs se succèdent, mêlés à de fins rubans plissés : une pelle et une pioche entrecroisées, des ossements, un cercueil figuré seul au-dessus du disque, des ossements de nouveau et un seau à eau bénite (d).

Sur la face principale, à la partie inférieure (e), une chalémie (ancêtre du hautbois), l'instrument de musique le plus représenté sur le Tour du chœur, et une flûte traversière sont entrecroisées au-dessus d'un luth ; tous trois sont traités avec une extrême ` précision. Les instruments de musique figurent partout sur la clôture, seuls ou joués par des génies ou des putti.

Au soubassement, un héron de fantaisie tente de retenir dans son bec un poisson volant qu'il vient de pêcher. La scène est inscrite dans un losange sur le retour gauche (c).

Huitième travée.

L'Entrée du Christ à Jérusalem

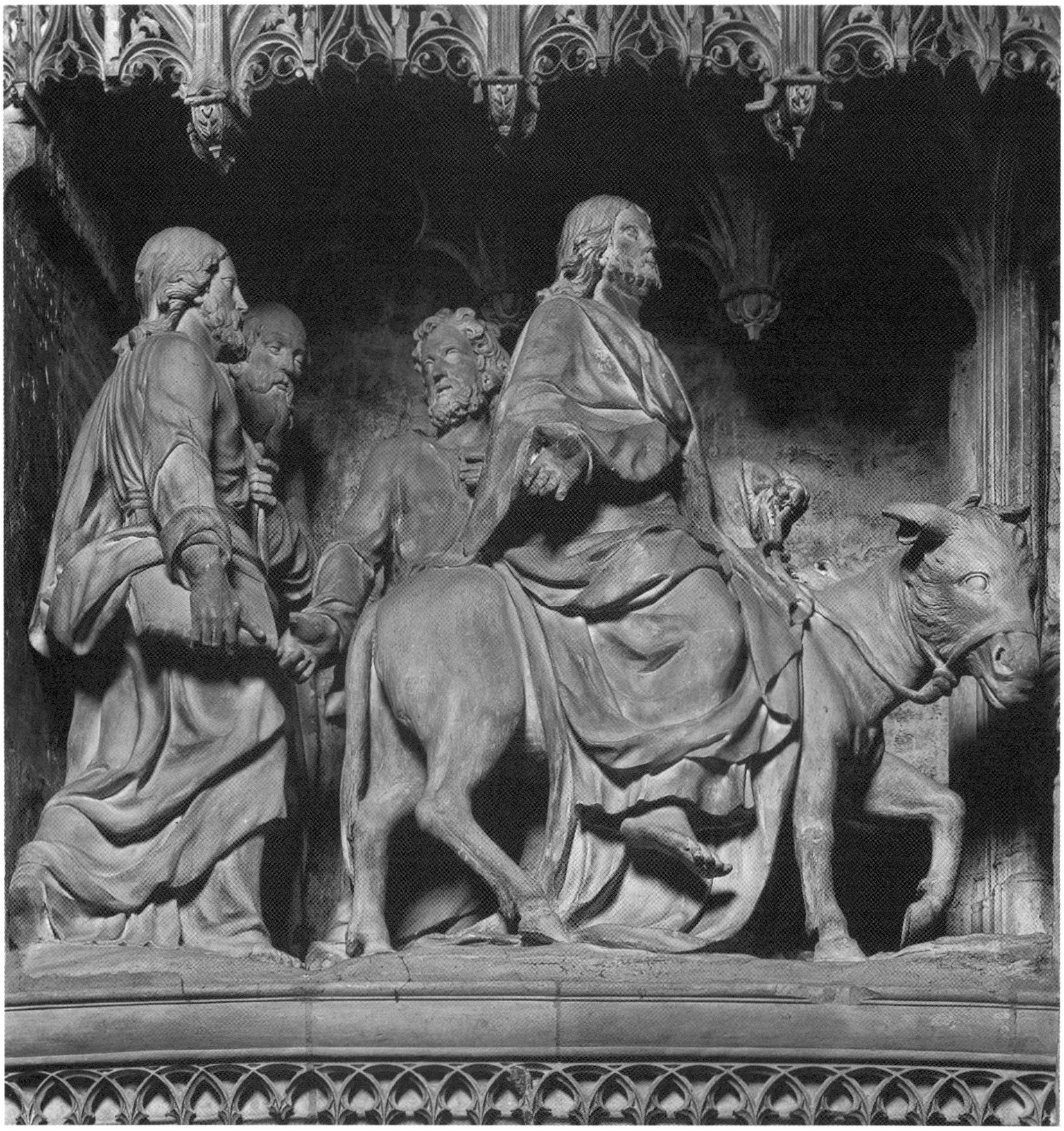

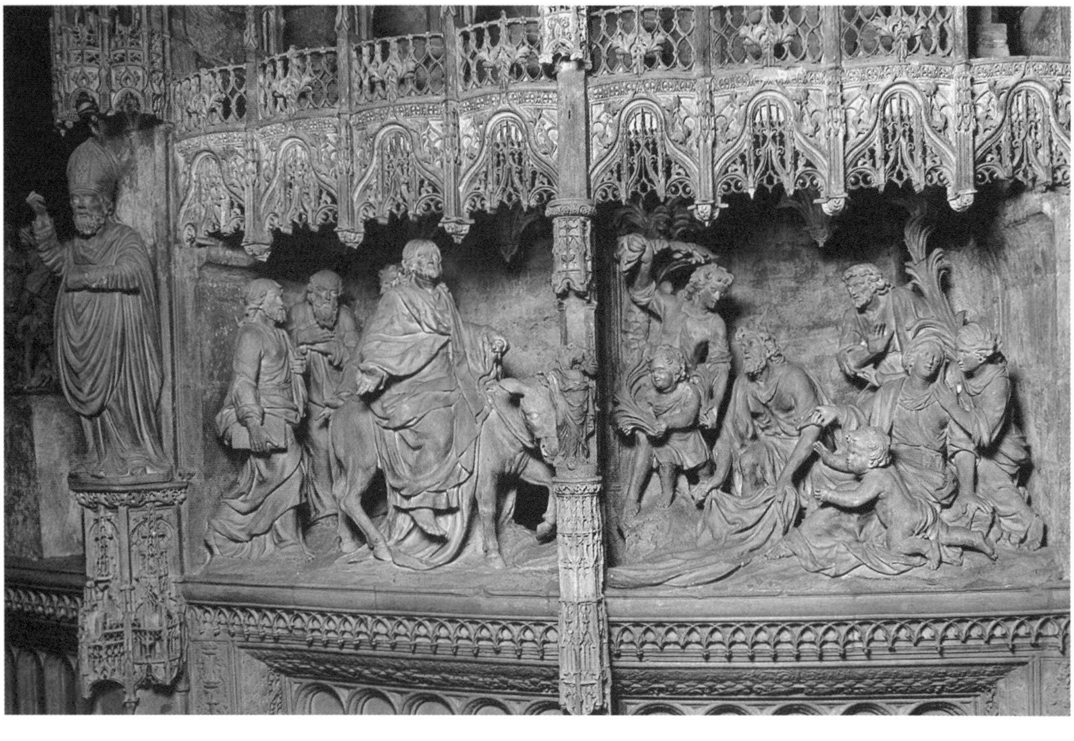

L'Entrée du Christ à Jérusalem,
par Jean-Baptiste II Tuby en 1703-1705
(Mt 21, 1-9 ; Mc 11, 1-10 ; Lc 19, 29-38 ; Jn 12, 12-19).
Jésus descendant du Mont des Oliviers vers Jérusalem est acclamé par ses habitants. La représentation répond à la tradition iconographique : Jésus sur un ânon, accompagné de trois disciples, est fêté par la population, qui crie, s'interpelle joyeusement, agite des feuilles de palme et étend des pièces de tissu sous les pas de l'animal. Sur son dos est jeté un grand manteau qui traîne à terre. La scène tout entière est empreinte de joie et d'enthousiasme.
Pierre Ier Legros qui a sculpté avec succès le groupe précédent avait souhaité réaliser cet ensemble, qui, se déployant sur une travée entière, pouvait donner une nouvelle mesure de son talent. Mais c'est Jean-Baptiste Tuby qui fit la meilleure offre et obtint la commande. Contrairement à la scène de l'Érection de la Croix *qui s'étend sur deux niches réunies, du côté nord, les niches de cette travée sont encore séparées par un contrefort.*
Le sculpteur a su tirer parti de cette contrainte, qui s'explique peut-être par le choix tardif de la scène, en séparant distinctement les groupes du Christ et des disciples à gauche, de celui des habitants à droite. C'est une sculpture charmante, pleine de vie et de mouvement.
Le 6 mai 1705, une figure se brise au cours de la pose ; après des hésitations et contrairement à ce qui est mentionné dans le contrat, le chapitre accepte de dédommager le sculpteur.

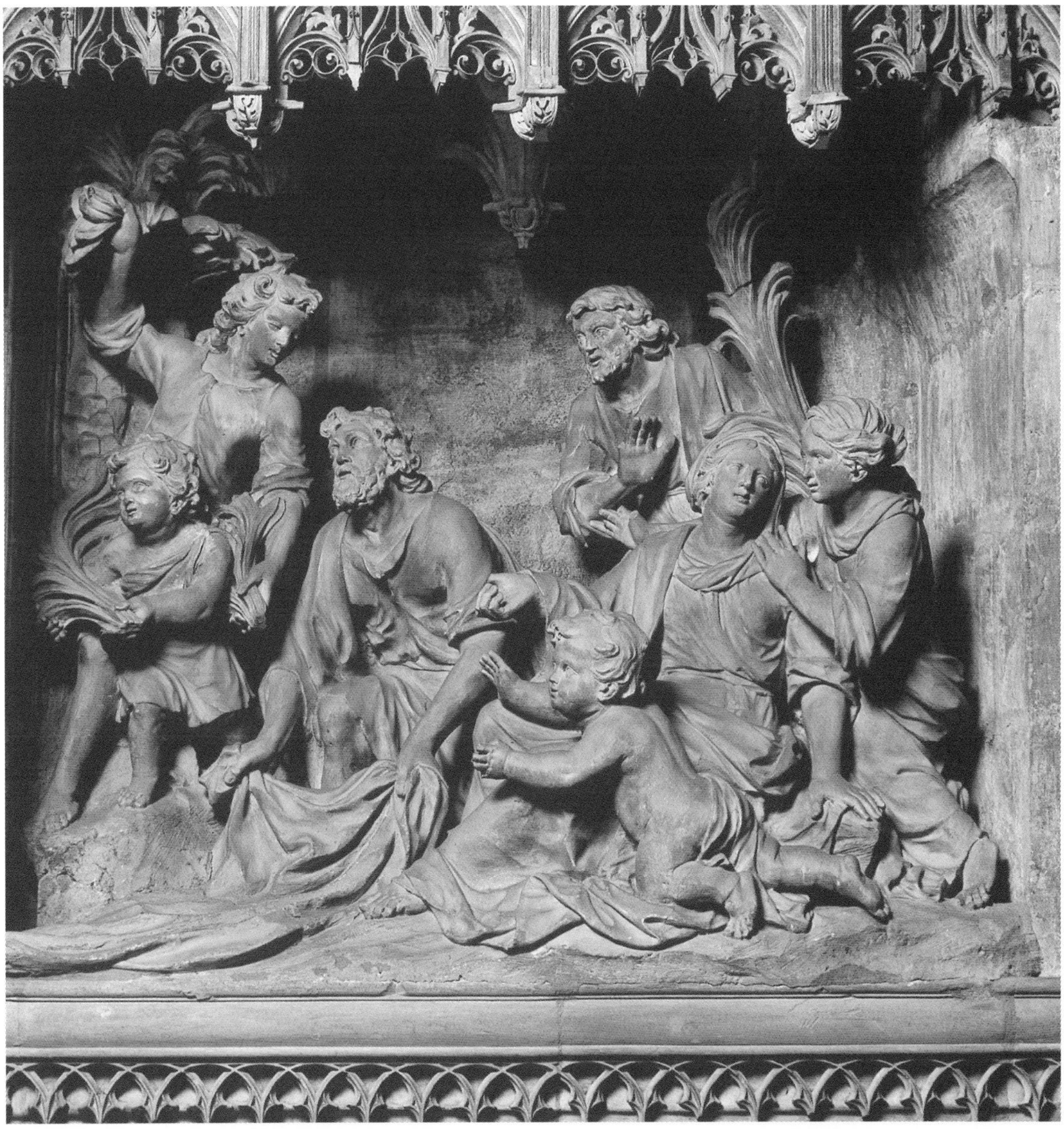

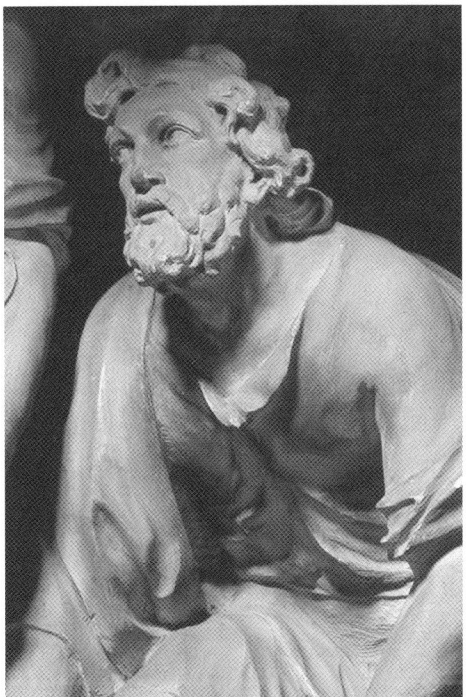

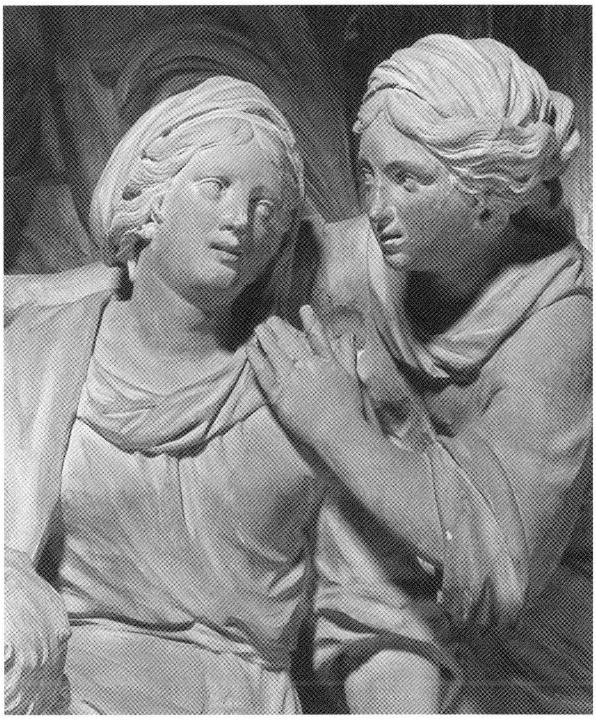

Neuvième travée nord.

L'Agonie du Christ au jardin de Gethsémani

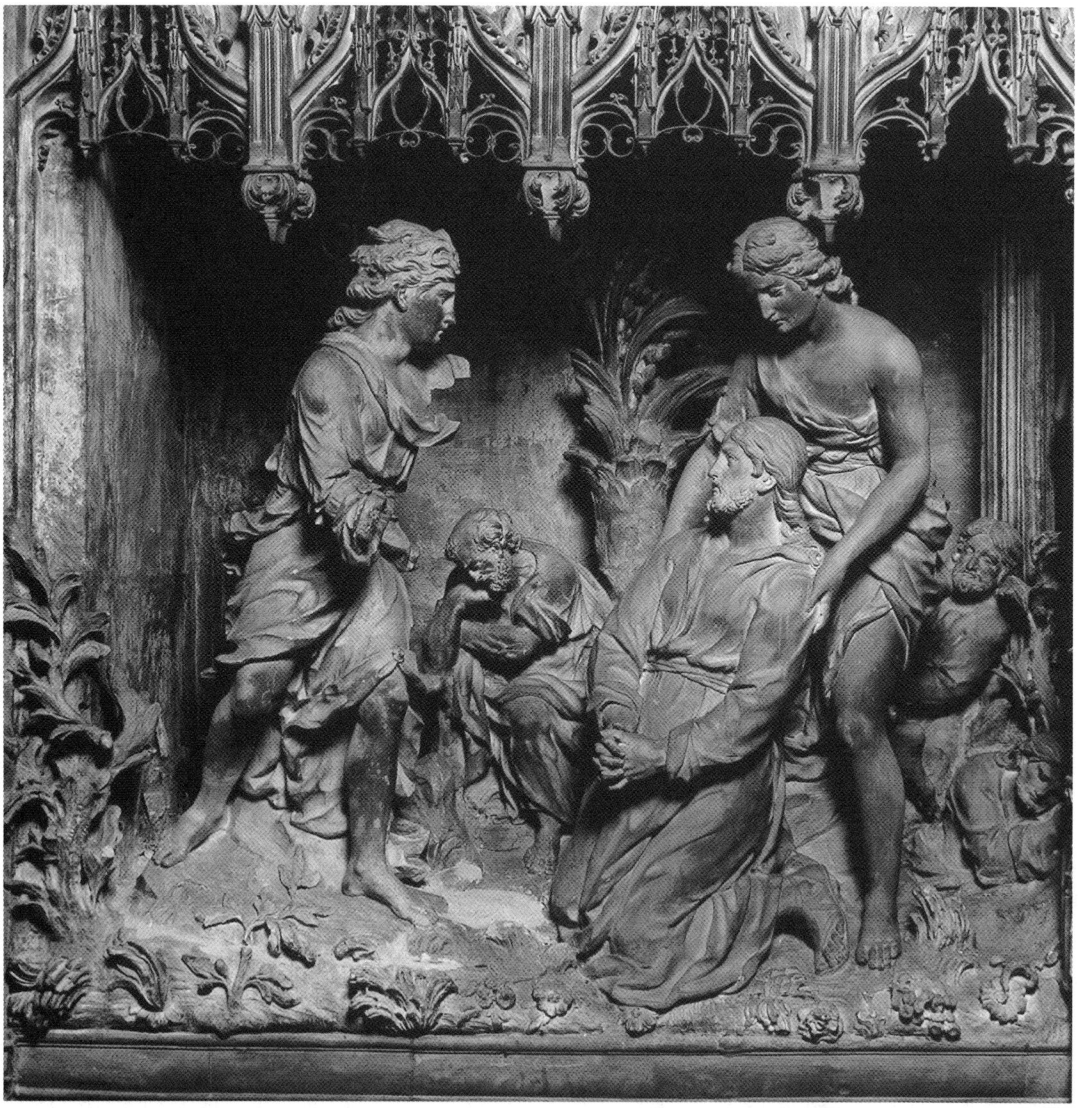

L'Agonie du Christ au jardin de Gethsémani,
par Simon Mazière en 1716 (Mt 26, 36-46 ; Mc 14, 32-42 ; Lc 22, 40-46 ; Jn 18, 1).
Après la triple Tentation dans le désert, Jésus est tenté pour la seconde fois en une lutte morale intense provoquée par la peur de la souffrance et de la mort. Alors qu'il s'est retiré avec ses disciples dans le domaine de Gethsémani, il emmène à l'écart Pierre, Jacques et Jean et commence à ressentir angoisse et tristesse. Il implore alors Dieu son Père afin de ne pas renoncer.
Trois Évangiles relatent cette scène mais Simon Mazière, comme la plupart des artistes, s'est plus directement inspiré de Luc : le Christ est agenouillé, les mains jointes en une prière désespérée. Un ange le soutient, un second dont les bras sont brisés, présentait probablement le calice dont il est question dans l'Évangile. Au second plan, les trois disciples indifférents se sont endormis. La présence de l'ange secourant le Christ défaillant et le contraste entre l'angoisse de ce dernier et le sommeil paisible des disciples qui semblent se fondre dans le fond de la niche, renforcent le caractère dramatique de la représentation.
Le modèle en cire est présenté aux chanoines le 11 septembre 1715, le groupe terminé est mis en place au début de juin 1716.

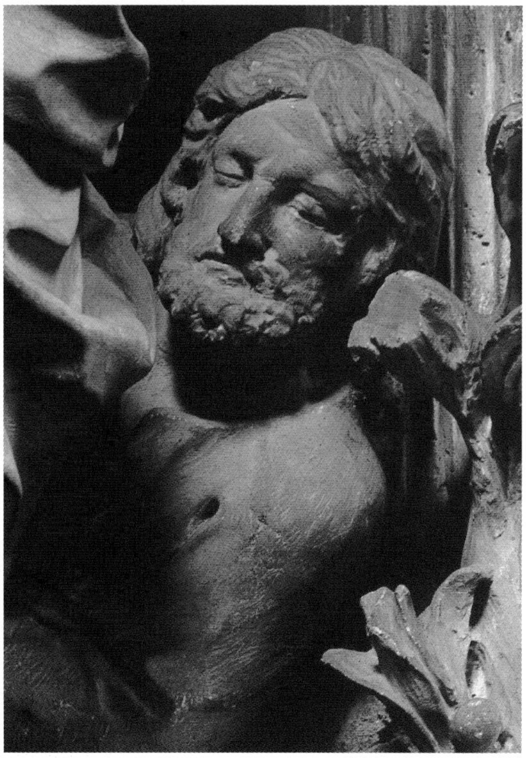

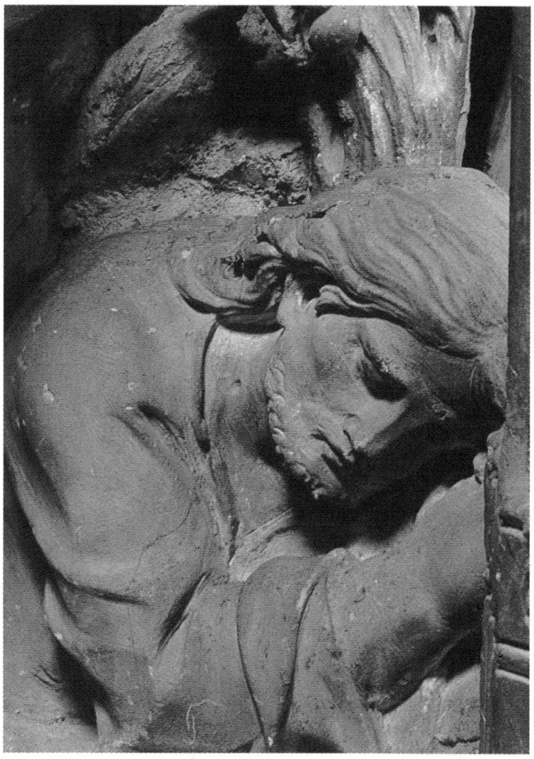

Dixième travée nord, première section.

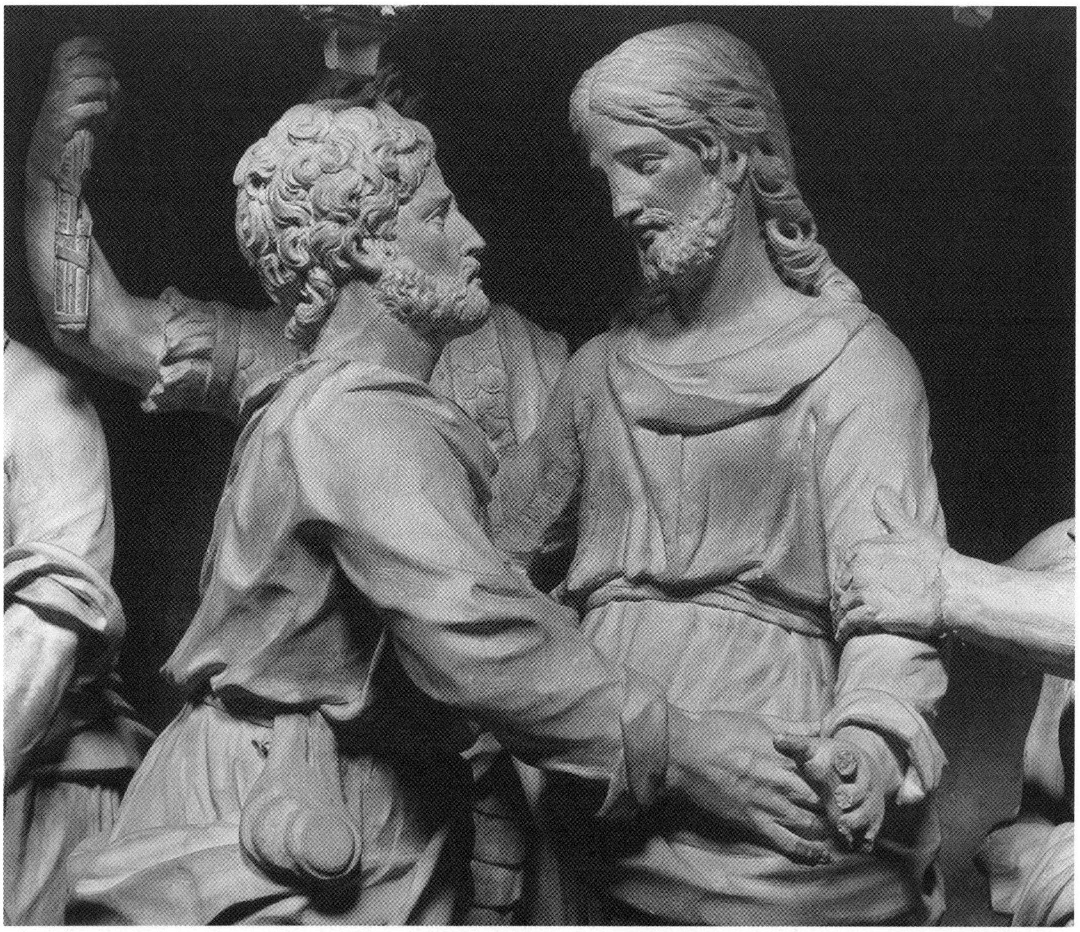

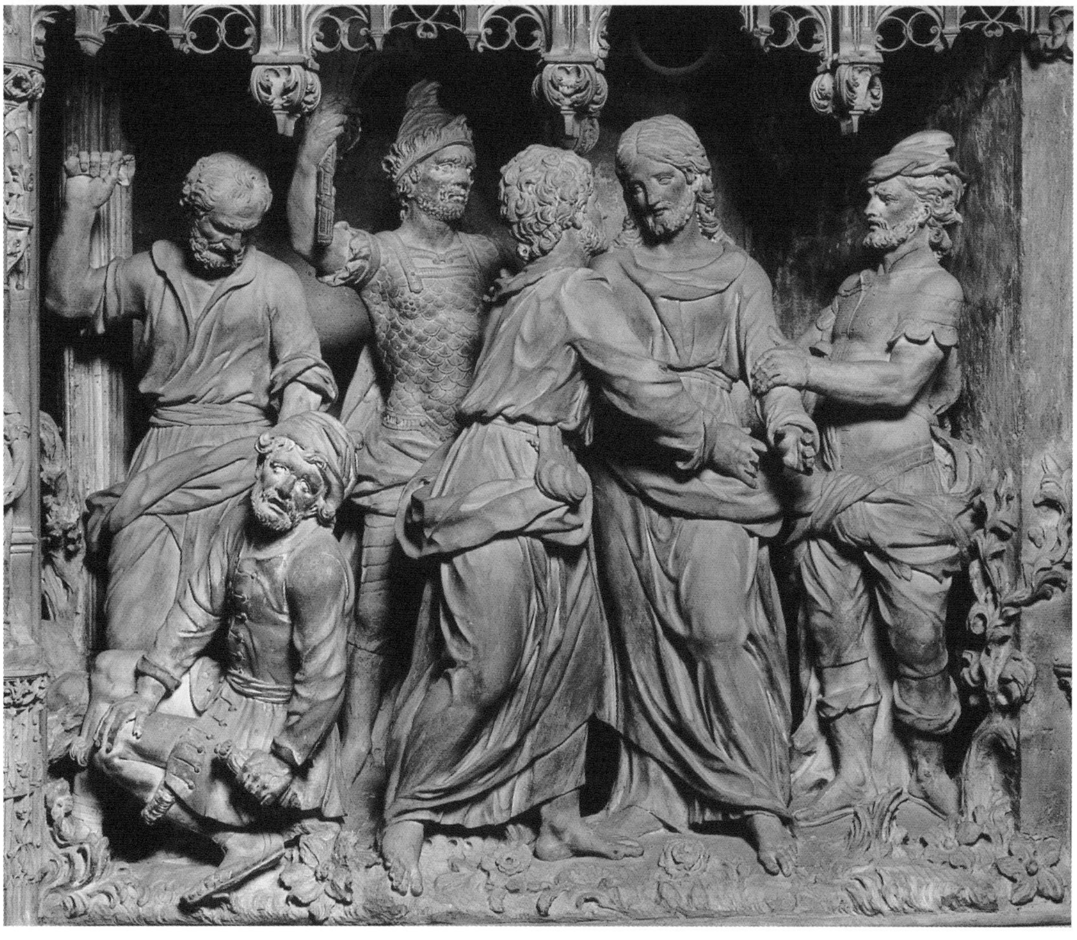

Le Baiser de Judas,
par Simon Mazière en 1716
(Mt 26, 30-36 et 47-56 ; Mc 14, 26-32 et 43-52 ; Lc 22, 47-53 ; Jn 18, 2-11).
Judas, l'un des douze disciples, a trahi le Christ. Il arrive avec les gardes du Temple dans le jardin où s'est retiré Jésus et lui donne un baiser, signe de sa trahison.
Judas vient d'embrasser le Christ ; celui-ci dans un geste d'acceptation se laisse empoigner par les gardes du grand-prêtre et les soldats de Pilate. Judas n'est pas figuré ici, comme souvent, sous les traits d'un traître ; la trahison se reconnaît cependant à la bourse aux trente deniers suspendue à sa ceinture. Pierre, à gauche, va trancher l'oreille de Malchus, le serviteur du grand-prêtre, effondré au sol. L'épée qu'il brandissait de la main droite a disparu.
Le traitement des personnages présente d'étonnantes analogies stylistiques avec les groupes exécutés dans le courant du siècle précédent. La scène est dynamique, mais le mouvement imprimé aux draperies et les expressions des visages montrent une certaine emphase.
Le modèle en cire est présenté le 11 septembre 1715, le groupe terminé est mis en place au début de juin 1716.

Dixième travée nord, deuxième section.

Jésus devant Pilate

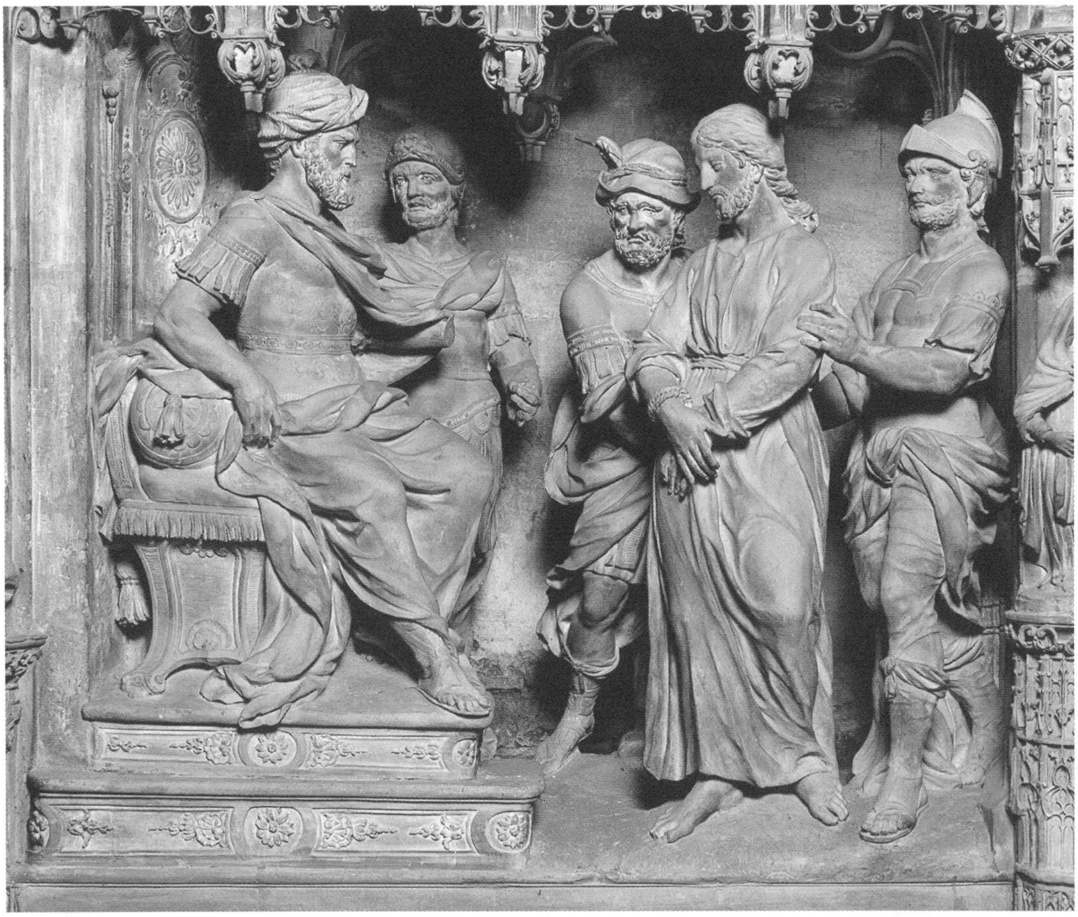

Jésus devant Pilate,
par Simon Mazière en 1716
(Mt 27, 2 et 11-26 ; Mc 15, 1-5 ; Lc 23, 1-7 et 13-25 ; Jn 18, 28-38).
Après avoir comparu devant les autorités religieuses, le Christ est traduit devant le tribunal romain présidé par le procurateur de Judée Ponce Pilate. Celui-ci est le juge suprême en matière de droit commun et le seul habilité à prononcer une sentence de mort. Dans le prétoire, Jésus doit répondre aux accusations.
Simon Mazière a choisi l'instant où Jésus arrive devant Pilate, poussé par les gardes. Le procurateur romain est devenu un noble oriental portant une épaisse barbe, la tête enveloppée d'un turban. Il n'a gardé de ses origines romaines que le manteau et la cuirasse. L'élégant trône à motif de coquilles, posé sur une estrade, est caractéristique du décor de la fin du règne de Louis XIV.
Un premier modèle est présenté au chapitre le 1er août 1714, un second en cire le 11 septembre 1715, le groupe terminé est mis en place en juin 1716.

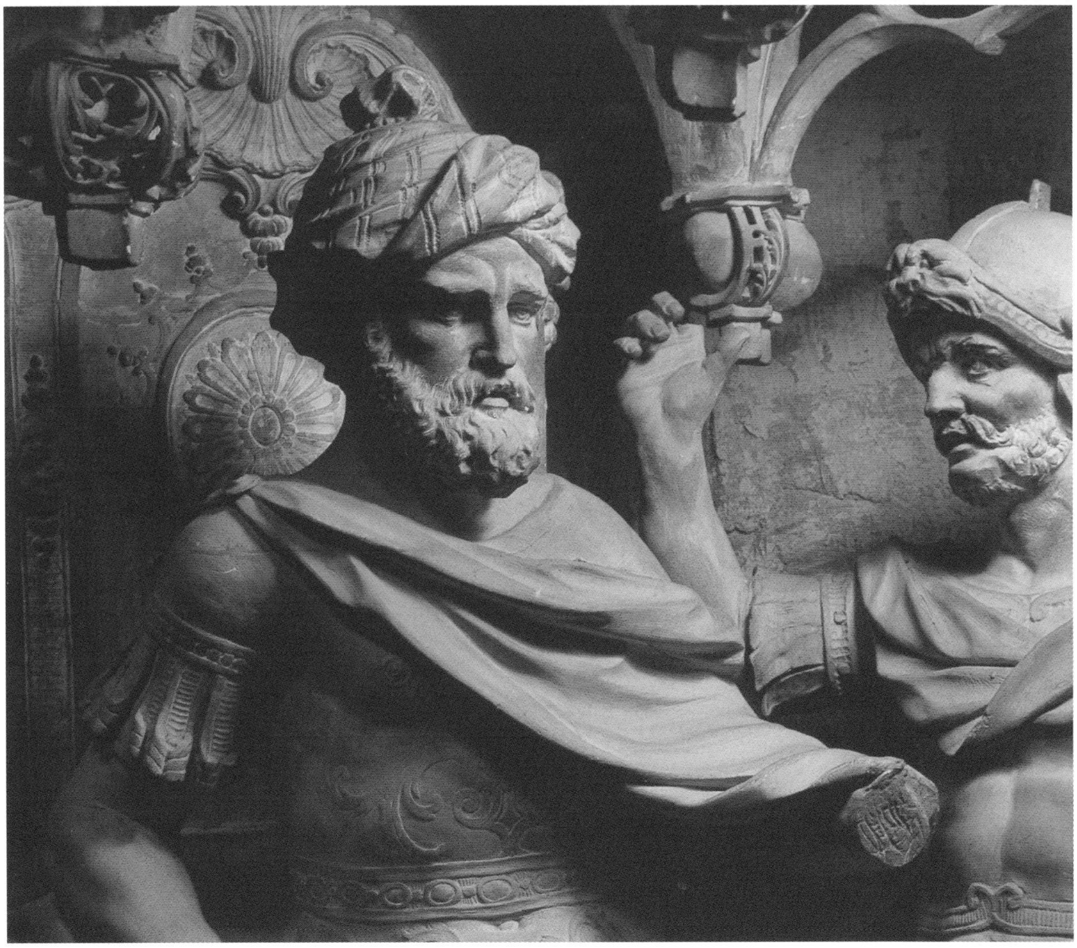

Onzième travée nord, première section.

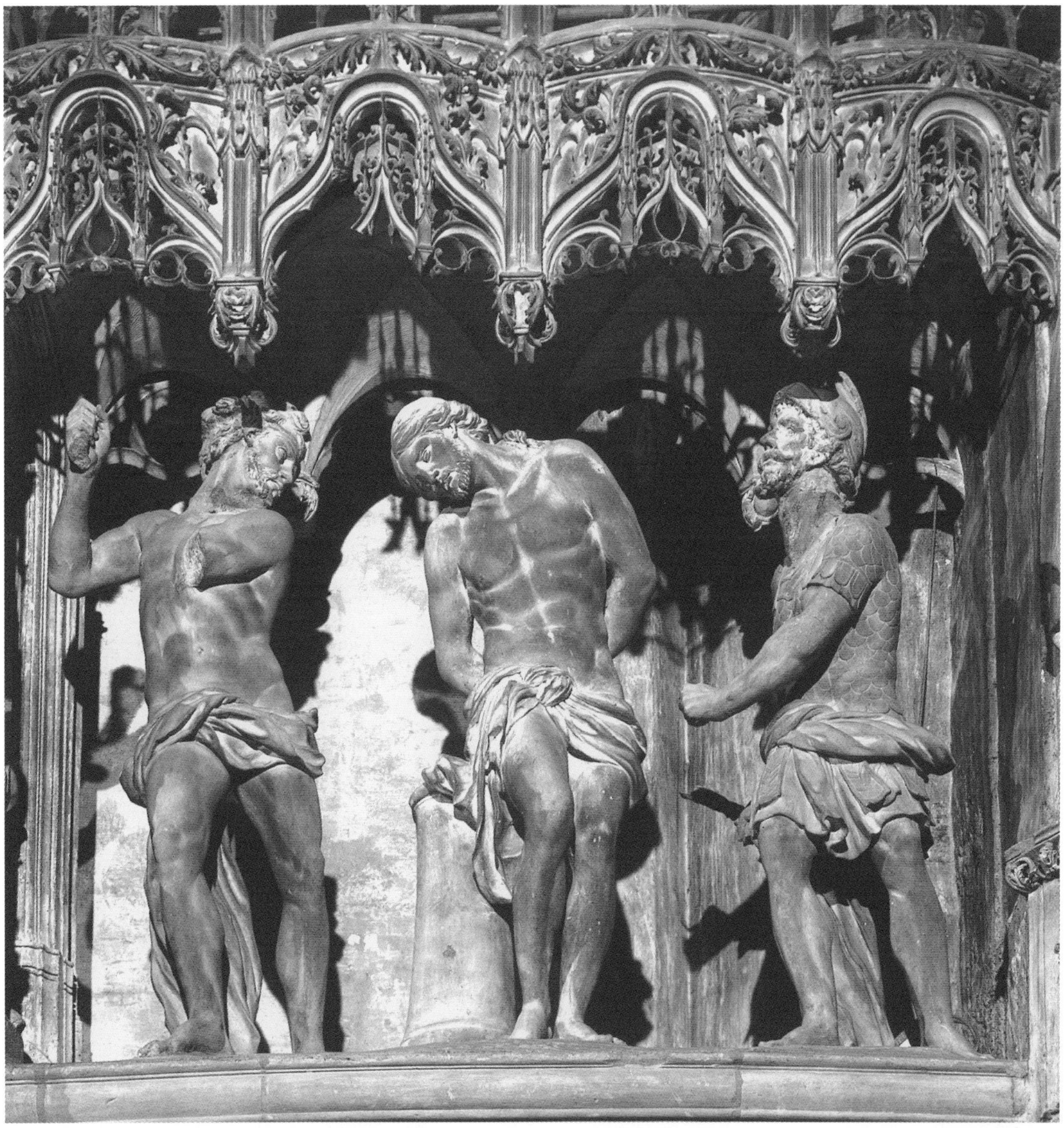

La Flagellation,
par Simon Mazière en 1713
(Mt 27, 27-31 ; Mc 15, 16-20 ; Lc 23, 16 et 22 ; Jn 19, 1).
Ponce Pilate ordonne que le Christ soit flagellé, châtiment et prélude à la crucifixion d'un condamné. Les Évangélistes sont très laconiques et ne donnent aucun détail du supplice. La scène est conforme à la tradition iconographique : le Christ, au centre attaché à une colonne, est frappé alternativement par deux soldats. Cette composition classique fut fréquemment adoptée par les artistes et se retrouve, avec des variantes, dans de nombreuses œuvres peintes ou sculptées.
Le 23 novembre 1712, un donateur offre une somme importante « pour contribuer à trois figures de la Flagellation ». *Au début de l'année suivante, le modèle est présenté et le groupe est mis en place peu après dans la première section de la douzième travée, au droit de la pile gauche. Le 9 janvier 1715, il est déplacé à la onzième travée, dans la niche contiguë plus vaste, et remplacé ensuite par le Couronnement d'épines, épisode plus proche de la Crucifixion.*

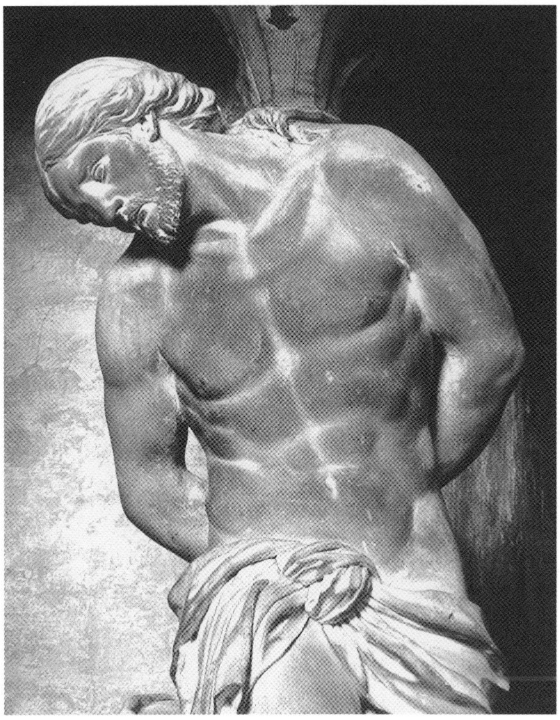

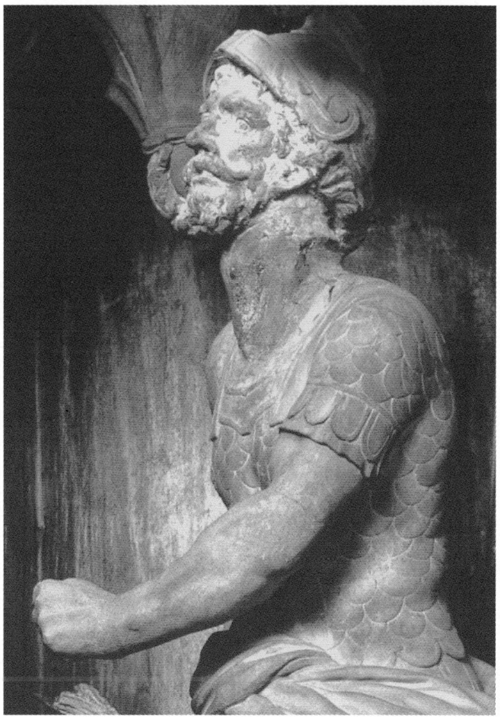

Onzième travée nord, deuxième section.

Le Couronnement d'épines

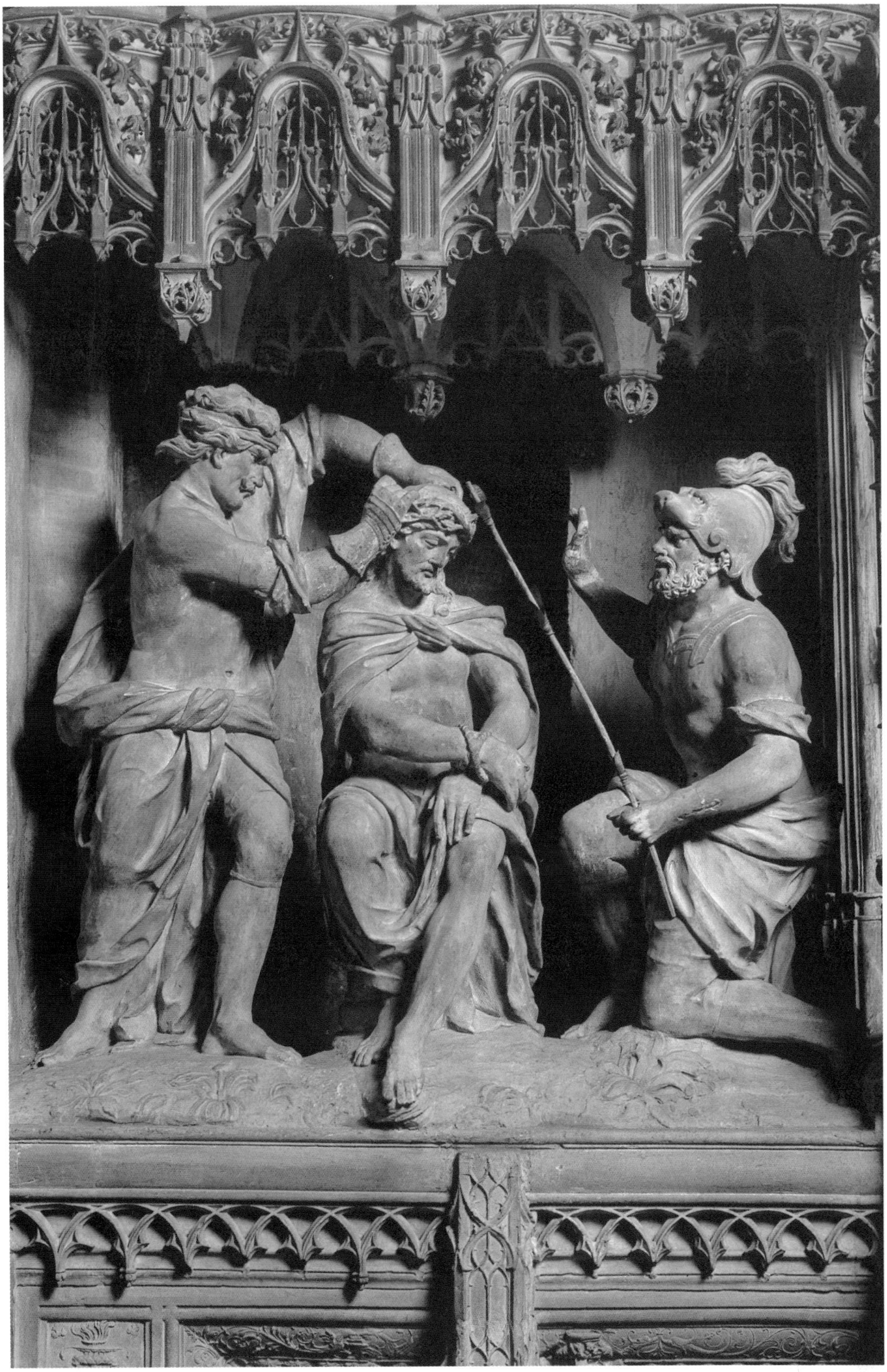

Le Couronnement d'épines,
par Simon Mazière en 1715
(Mt 27, 27-31 ; Mc 15, 16-20 ; Jn 19, 2-3).
Le Couronnement d'épines *est une scène de dérision. Le Christ souffrant est assis, les mains liées, le manteau de l'opprobre jeté sur les épaules. Un bourreau fixe la couronne d'épines, les mains protégées par des gantelets de fer, le second lui présente un roseau tel un sceptre. La composition de la scène est, là encore, fidèle à la tradition iconographique. Le groupe est posé vers la fin de l'année 1715 dans la niche occupée précédemment par la* Flagellation.

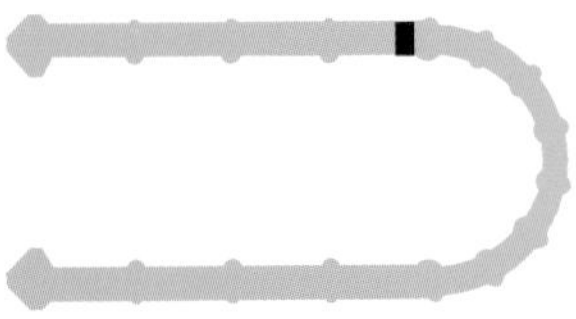

Douzième travée nord, première section.

L'Érection de la Croix

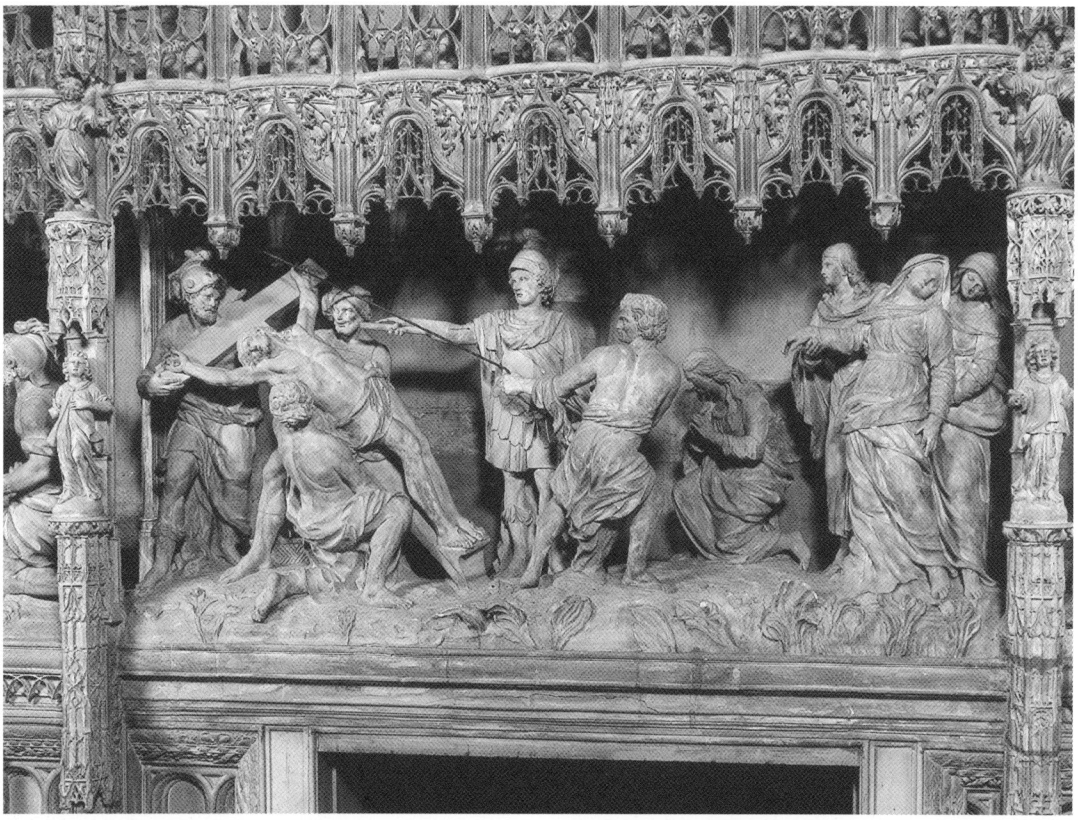

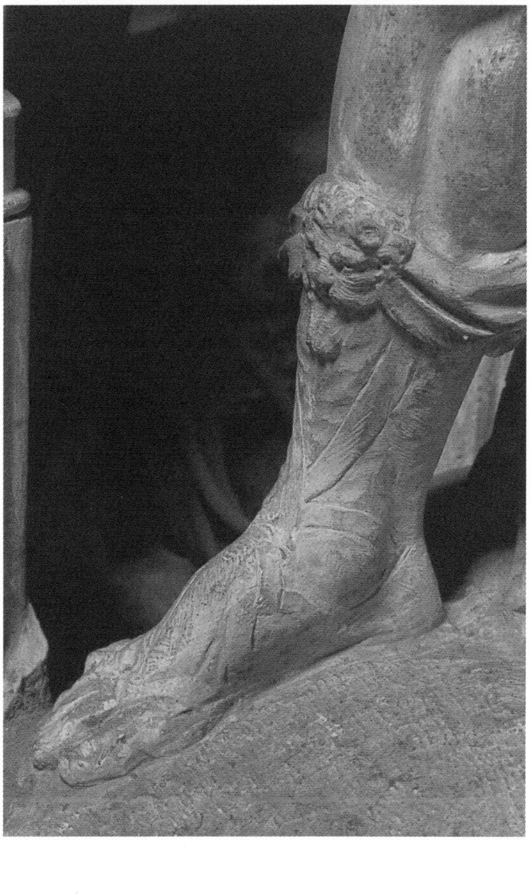

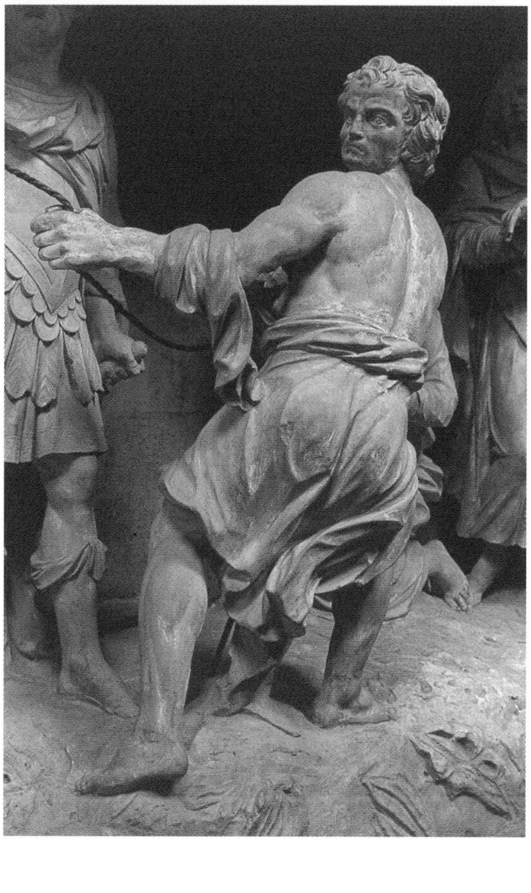

L'Érection de la Croix,
par Simon Mazière en 1714
(Mt 27, 35 ; Mc 15, 25 ; Lc 23, 33 ; Jn 19, 23).
Le sujet apparaît tardivement dans l'art chrétien et reste assez marginal. On lui préfère la Crucifixion plus tragique. Après avoir cloué le Christ sur la Croix étendue à terre, les bourreaux la redressent à l'aide de cordes.
Une force puissante émane de la représentation : la souffrance du Christ qui ne peut plus lever la tête, la douleur de Marie soutenue par une sainte Femme et par saint Jean, l'effort physique des bourreaux exprimé par les visages grimaçants, l'indifférence du soldat qui donne l'ordre de lever la Croix et l'attitude de Marie-Madeleine qui s'agenouille, éplorée.
Le chapitre avait souhaité présenter une Crucifixion mais la hauteur des niches était inadaptée pour une telle scène.
Le groupe est mis en place pour le 15 août 1714, Simon Mazière est entièrement payé le 5 novembre suivant.

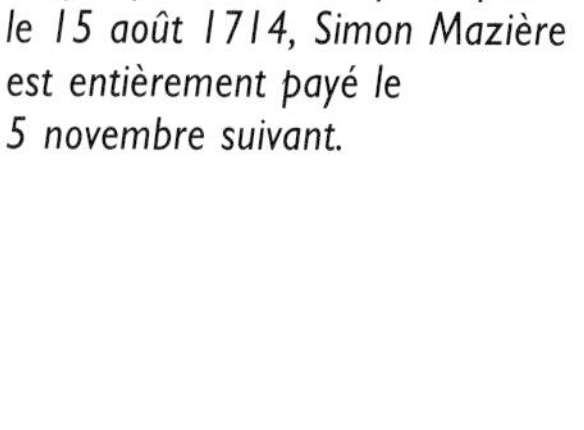

Douzième travée nord, deuxième et troisième sections.

La Déploration

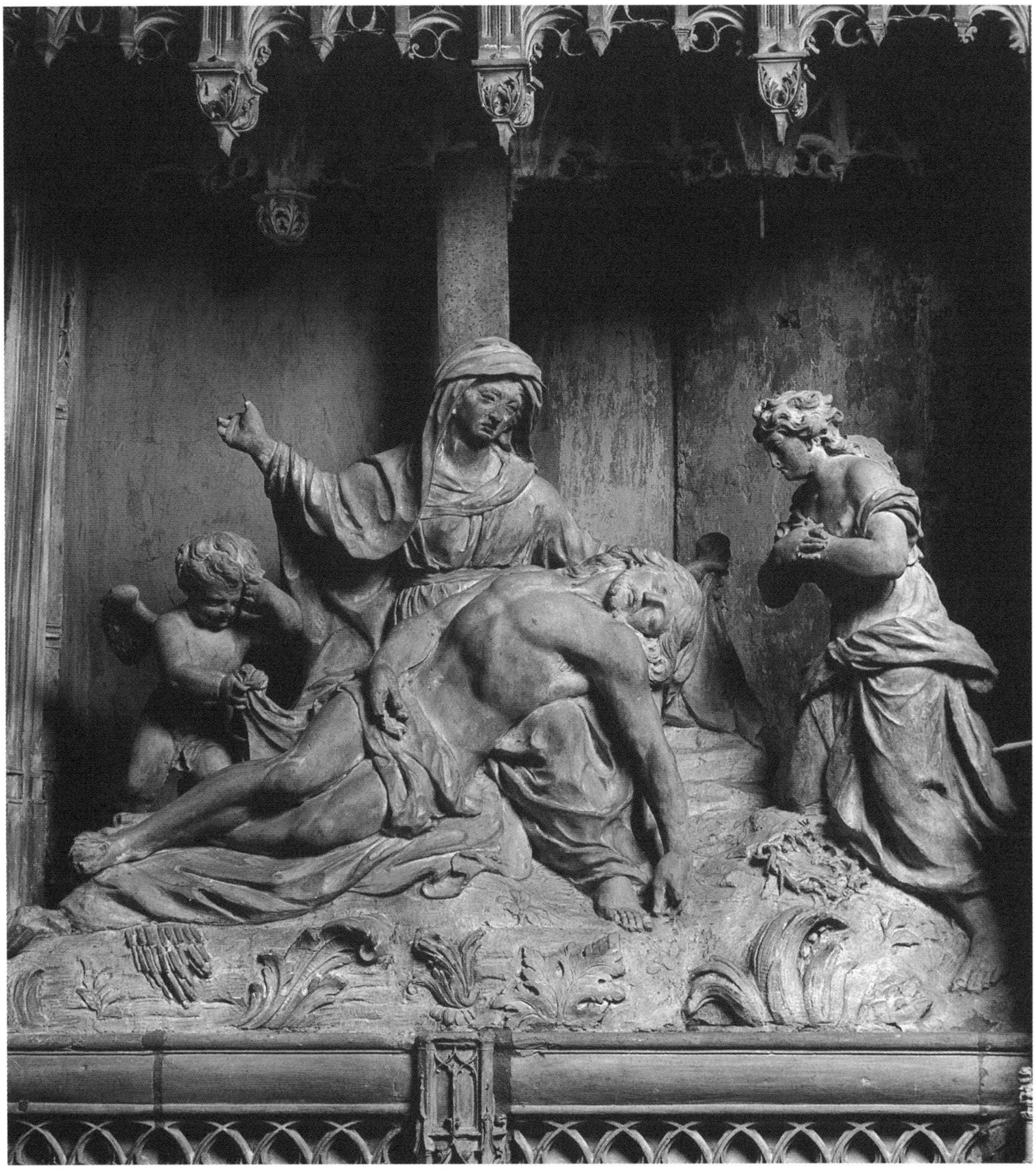

La Déploration,
par Simon Mazière en 1714. Cette scène de lamentation se situe entre la Déposition de Croix et la Mise au Tombeau, elle n'est relatée dans aucun Évangile et n'apparaît qu'au XIIe siècle. Ce sont les plaintes déchirantes, au pied de la Croix, de la Vierge sur son Fils mort. Elle lève le bras en signe d'impuissance, son visage exprime une douleur extrême, un ange et un angelot en pleurs, qui s'apprête à recouvrir le corps du Christ du linceul, se lamentent avec elle. Le Christ mort, appuyé sur sa mère et reposant à demi sur le sol, un bras pendant, la tête rejetée en arrière et tournée vers les fidèles, apparaît dans une attitude naturelle. Ce modèle fut très largement adopté par les artistes. Le groupe est mis en place pour le 15 août 1714.

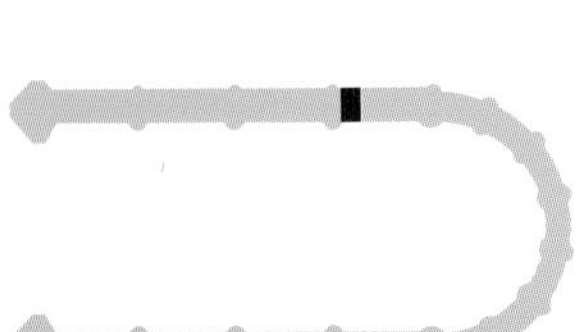

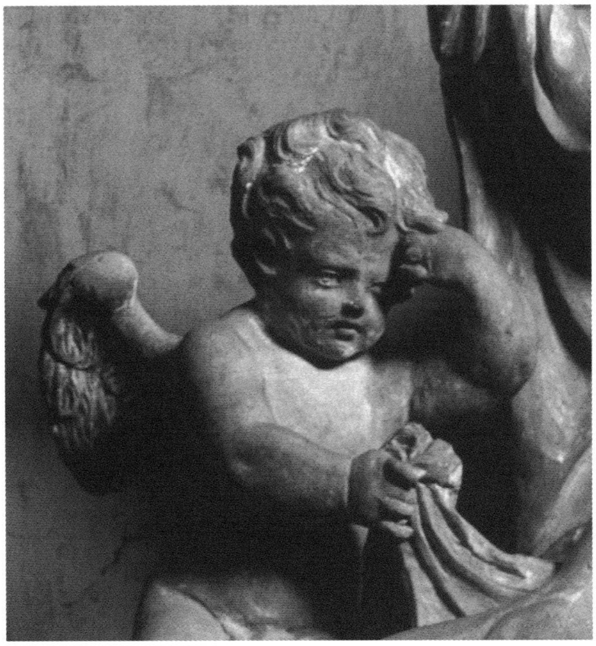

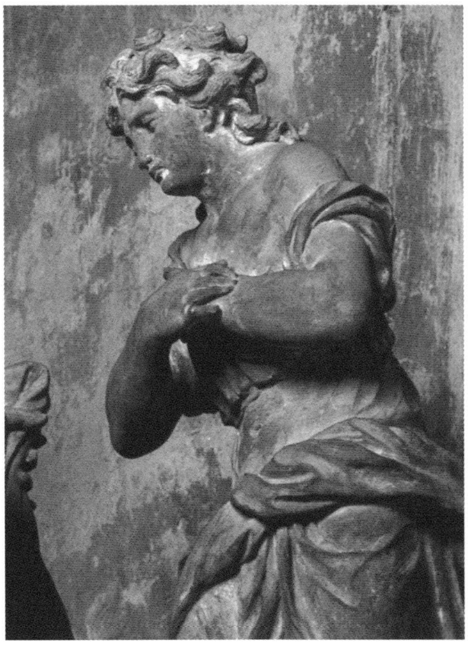

Douzième travée nord, quatrième section.

La Résurrection

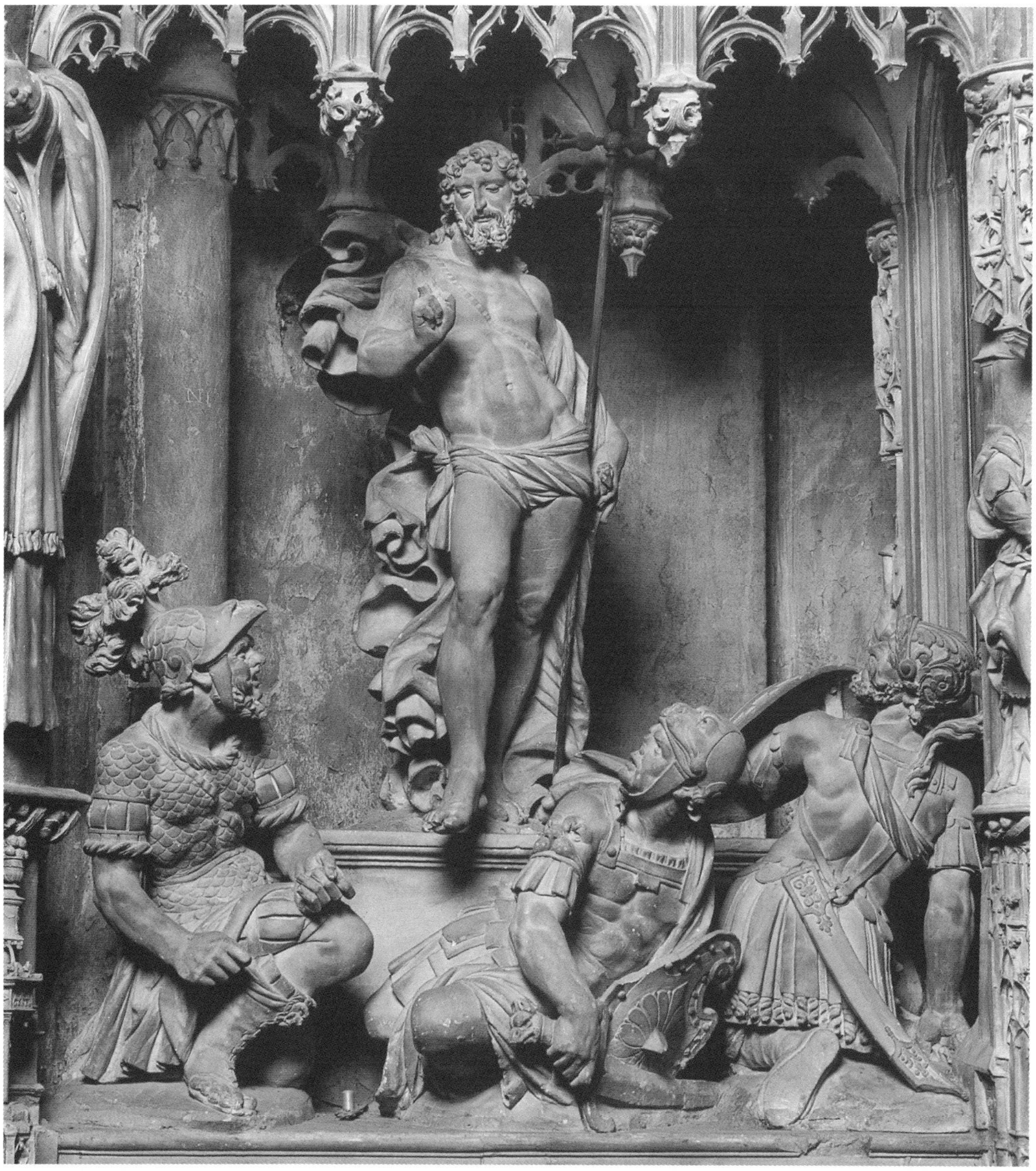

***La Résurrection*,**
par Thomas Boudin en 1610-1611.
Aucun disciple n'a assisté à la Résurrection, *les* Évangiles *racontent seulement la visite des* saintes Femmes au Tombeau *qu'elles trouvent vide. À partir du XI*[e] *siècle, la scène est figurée comme un fait reconnu, elle ne s'appuie sur aucun texte saint mais répond à un besoin de la foi populaire. Jésus est debout sur le sarcophage, il tient la croix-étendard, symbole de sa victoire sur la mort et esquisse un geste de bénédiction. Les trois veilleurs apeurés par l'apparition restent confondus à terre.*
Le corps du Christ extrêmement allongé, le lourd manteau qui flotte autour de lui, le décor luxuriant des cuirasses et les traits forts des soldats rattachent à nouveau Thomas Boudin *au courant maniériste tardif.*
Le 2 juin 1610, il reçoit la commande de ce groupe et des trois suivants, les Pèlerins d'Emmaüs, *les* saintes Femmes au Tombeau *et* l'Incrédulité de saint Thomas, *qui tous doivent être posés avant le 2 décembre 1611.*

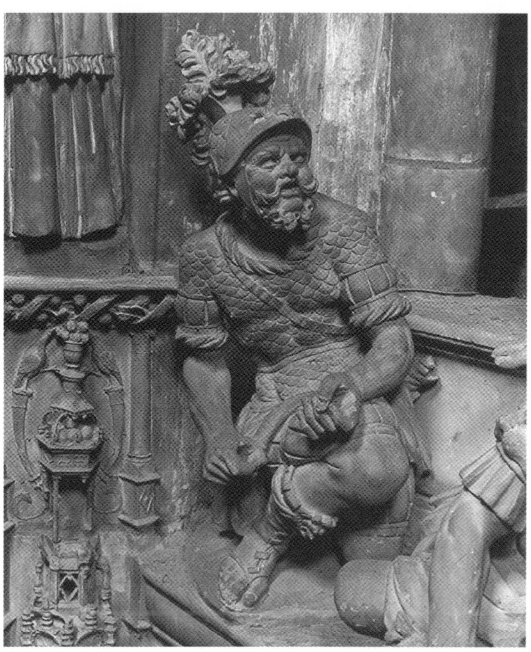

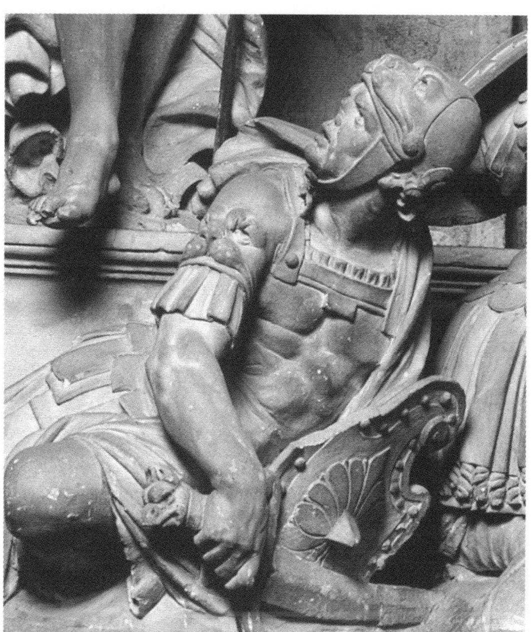

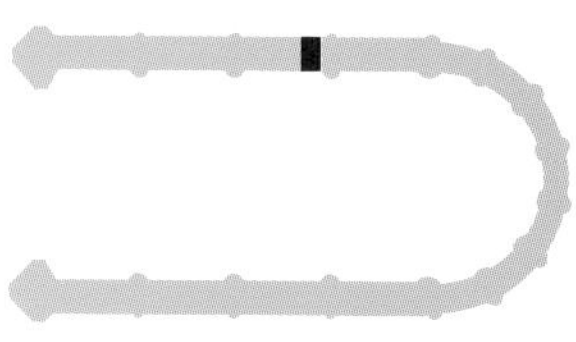

Treizième travée nord, première section.

Les saintes Femmes au Tombeau

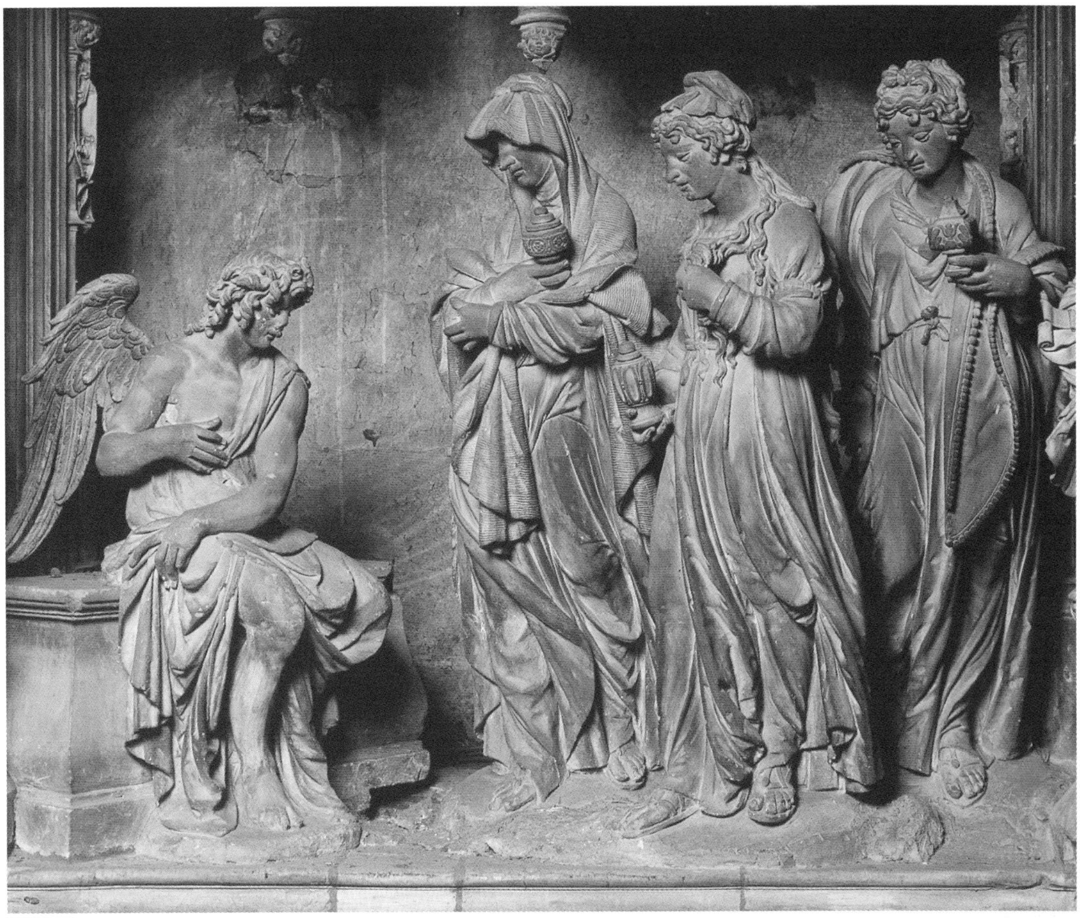

Les saintes Femmes au Tombeau,
par Thomas Boudin en 1610-1611 (Mt 28, 1-8 ; Mc 16, 1-8 ; Lc 24, 1-8).
Les saintes Femmes, après avoir acheté des aromates pour embaumer le corps du Christ, se rendent au Tombeau. Sur la pierre renversée du sarcophage est assis l'ange qui leur annonce la Résurrection.
Les trois femmes sont enveloppées dans leurs voiles, les visages recueillis, peut-être n'ont-elles pas encore compris la portée des paroles de l'ange. Celui-ci montre le tombeau vide. Thomas Boudin s'est inspiré de l'Évangile de Marc, en représentant les trois Marie : Marie-Madeleine, Marie-Cléophas, mère de Jacques, et Marie-Salomé. Les drapés et les figures, en particulier l'ange au corps massif, sont traités avec lourdeur.
Dans la commande du 2 juin 1610, le groupe devait être posé dans la troisième section et les Pèlerins d'Emmaüs *dans cette niche. Après la relecture des Évangiles, le chapitre décide de rétablir l'ordre des scènes.*

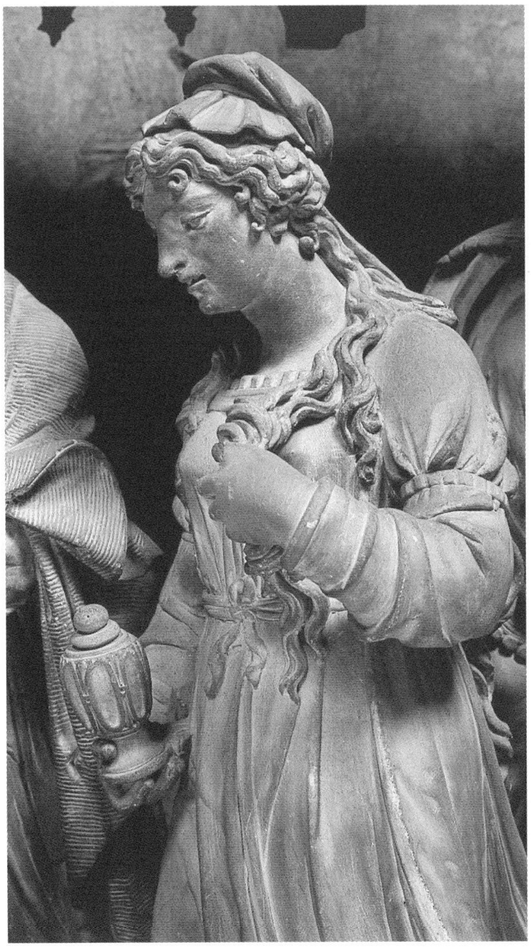

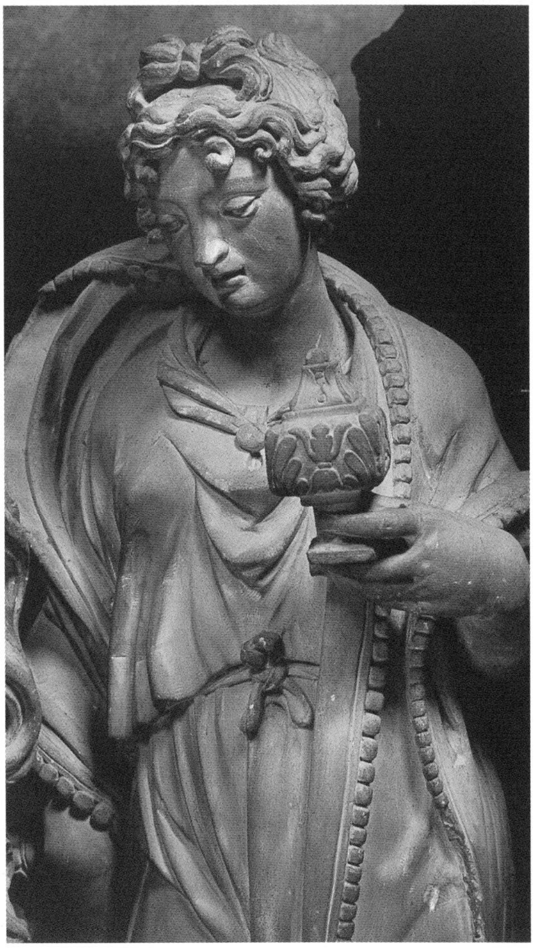

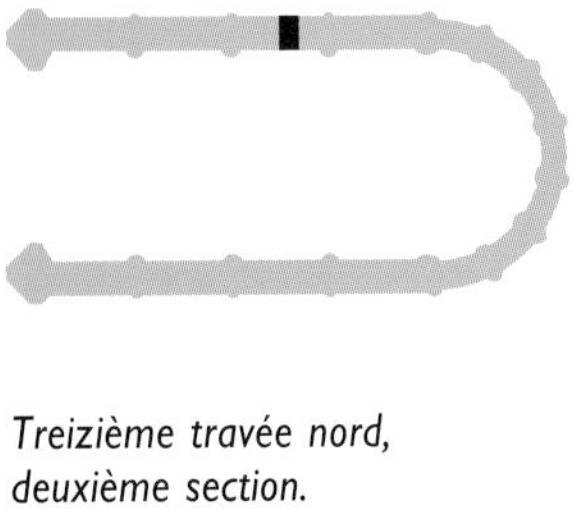

Treizième travée nord, deuxième section.

Les Pèlerins d'Emmaüs

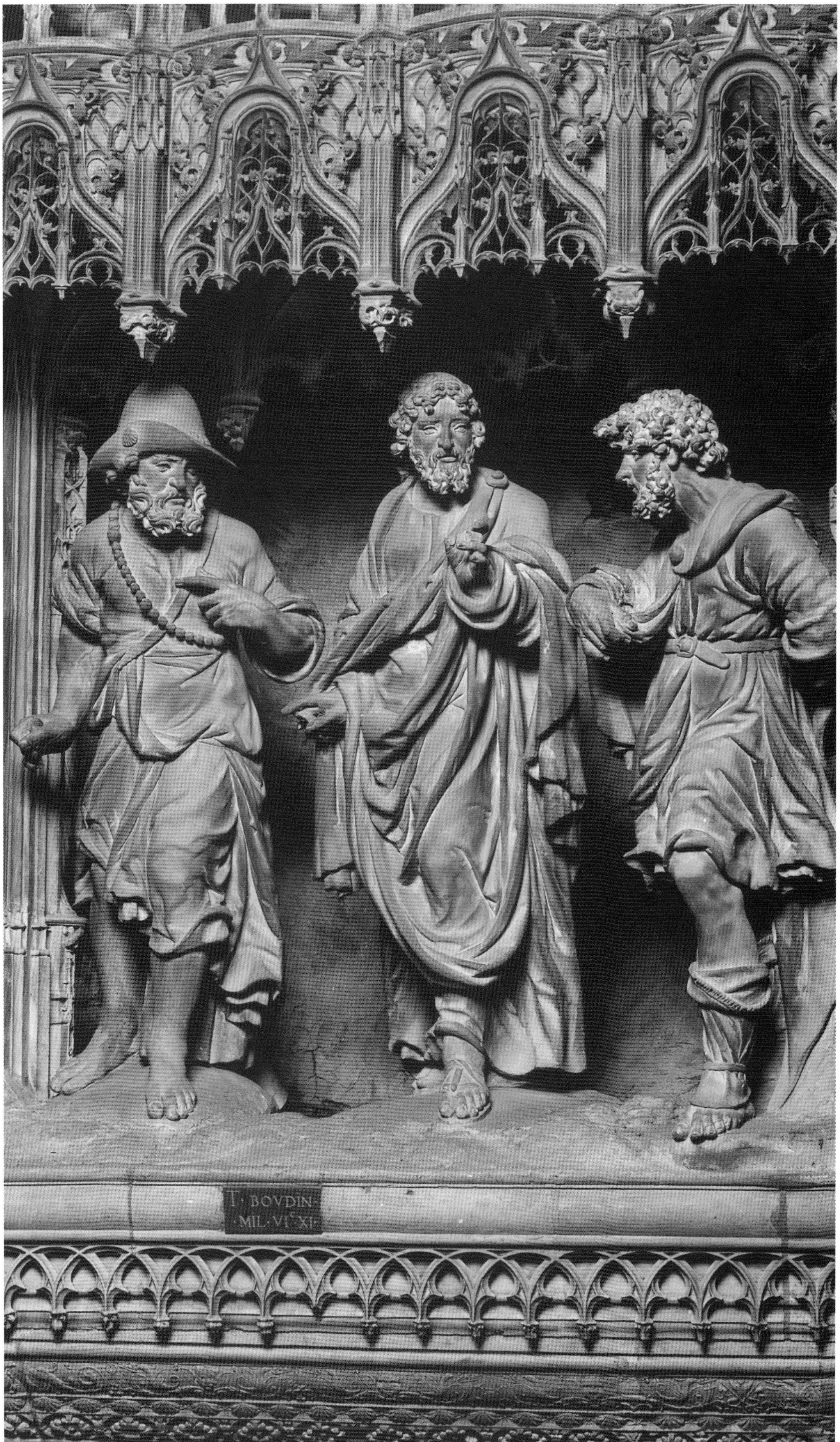

Les Pèlerins d'Emmaüs,
par Thomas Boudin en 1611
(Mc 16, 12 ; Lc 24, 13-35).
C'est l'une des scènes d'apparition du Christ ressuscité. Jésus apparaît à deux pèlerins qui cheminent vers Emmaüs, village situé près de Jérusalem. Il les accompagne sans se faire connaître.
Marchant sur la route, le Christ et les pèlerins semblent avoir une discussion animée. Jésus, enveloppé dans son manteau n'est pas habillé en pèlerin, comme il l'est parfois, mais a conservé son ancienne apparence.
Les personnages sont trapus et puissants, le modelé des corps se rapproche de celui que Thomas Boudin a adopté pour les personnages des saintes Femmes au Tombeau.
La scène des Pèlerins d'Emmaüs est la seconde scène signée et datée par Thomas Boudin, également sur une plaque en marbre noir : T.BOUDIN..MIL.VI^{c}.XI.

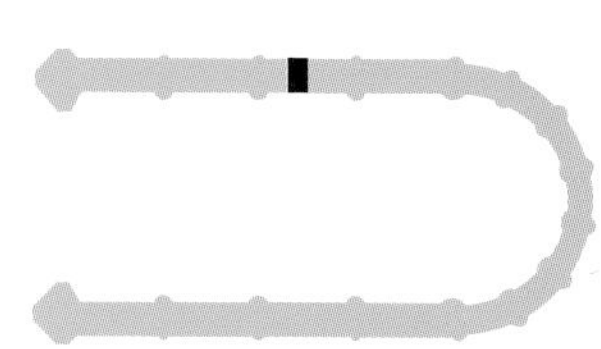

Treizième travée nord, troisième section.

L'Incrédulité de saint Thomas

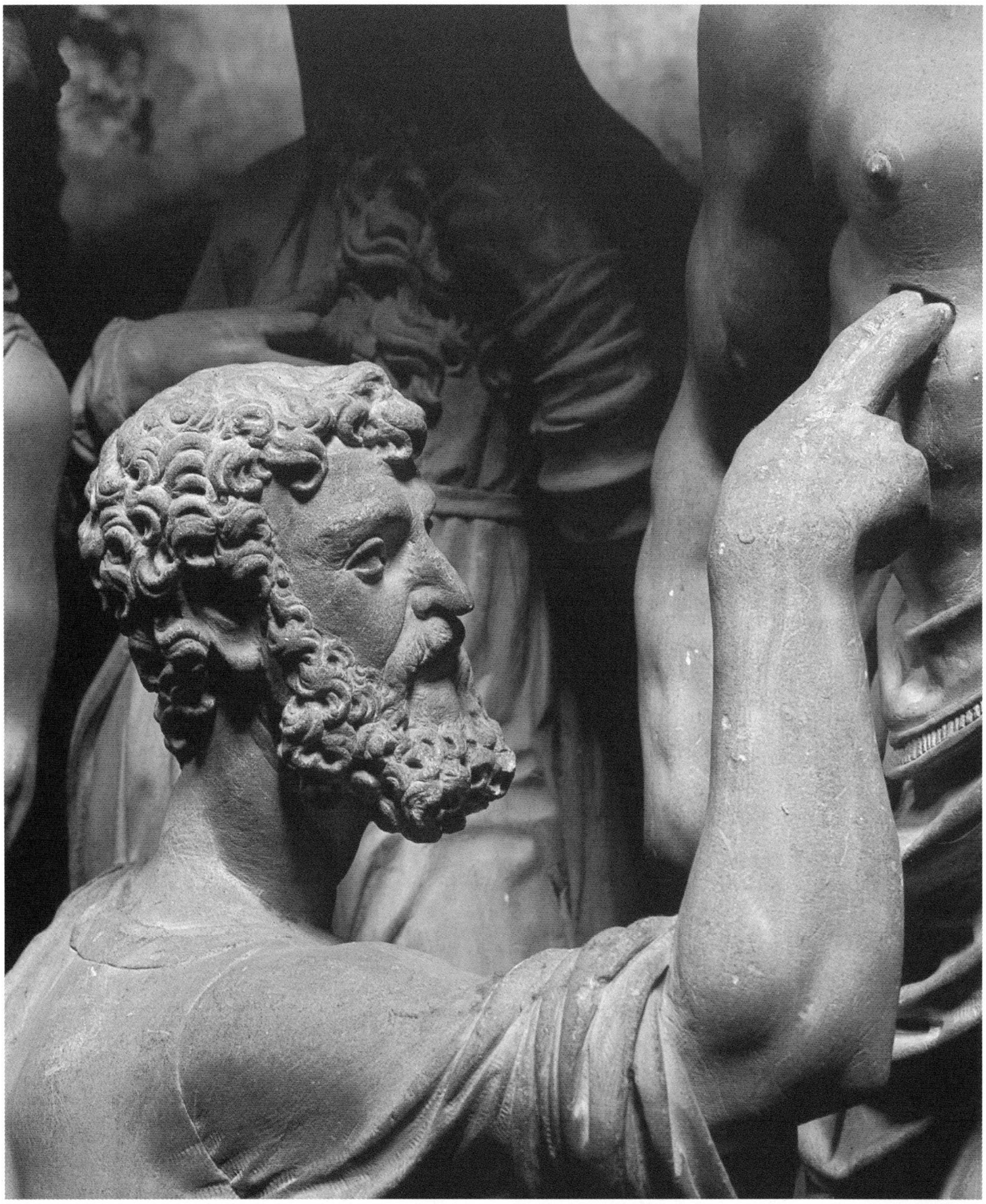

L'Incrédulité de saint Thomas,
par Thomas Boudin en 1610-1611 (Jn 20, 24-29).
Le Christ apparaît à Thomas, l'un des Douze. Celui-ci, absent lors de la première visite du Christ aux disciples, a refusé de croire à Sa venue. Il s'agit d'un doute sur la Résurrection ; c'est probablement pour cette raison que la représentation apparaît tardivement. Le Christ, vêtu d'un manteau, fait toucher sa plaie au côté à Thomas, agenouillé, en présence de quatre disciples. Contrairement à la scène précédente, Thomas Boudin a insisté sur l'allongement des doigts de Thomas et l'étirement du corps du Christ, qui présente des analogies certaines avec le Christ de la Résurrection.

Treizième travée nord, quatrième section.

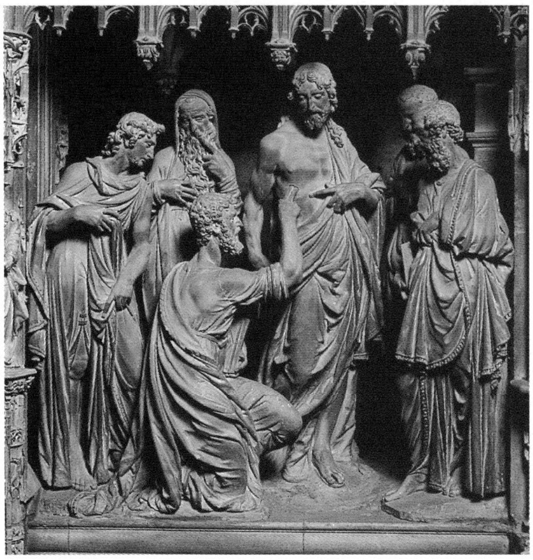

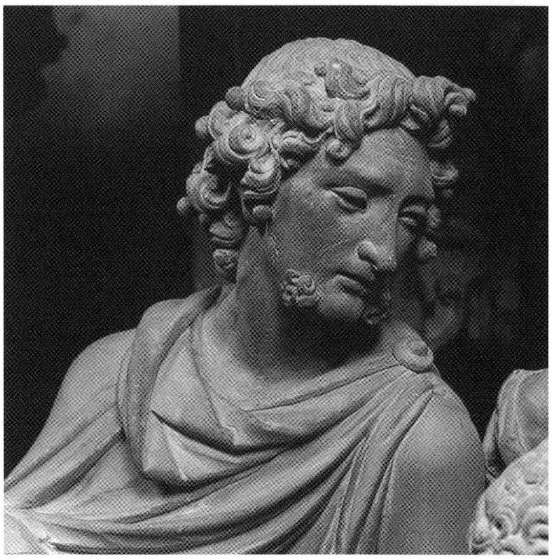

L'Apparition du Christ à sa mère

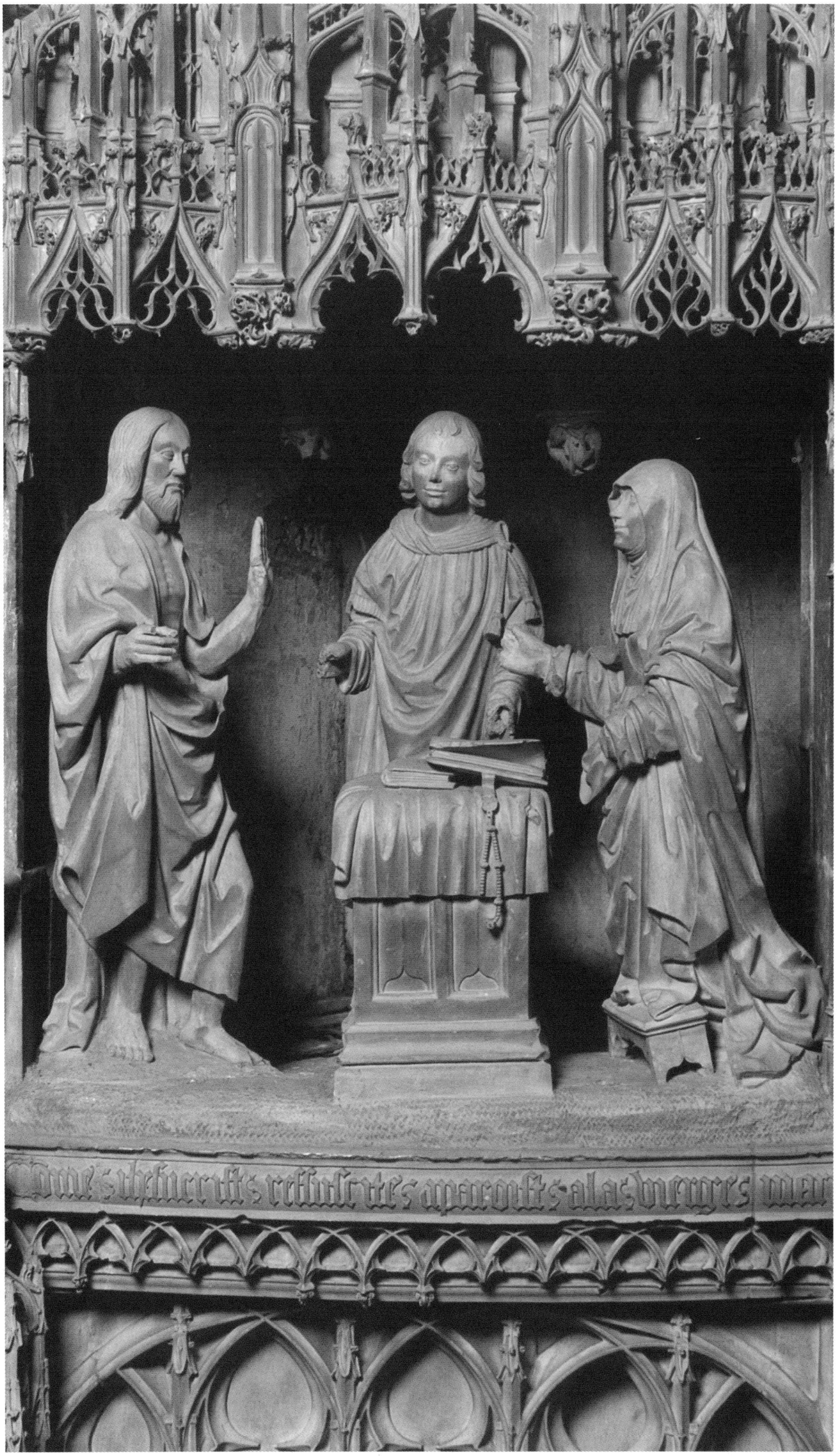

L'Apparition du Christ à sa mère,
anonyme, vers 1516
(J. de Voragine, La Légende Dorée, la Résurrection de Notre-Seigneur*).*
Aucun texte ancien ne mentionne l'Apparition du Christ *ressuscité à sa mère. C'est une invention de* La Légende Dorée *qui apporte une réponse aux étonnements indignés de ses contemporains qui jugeaient inconcevable que le Christ ait pu ignorer sa mère. Marie prie chez elle devant son livre de prières posé sur un petit autel, saint Jean à ses côtés. Le Christ ressuscité leur apparaît, il lève ses mains et montre les stigmates. Cette scène ainsi que les sept suivantes, qui achèvent le cycle de l'Histoire de la Vierge sont exécutées au début du XVI*[e] *siècle, probablement par un tailleur de pierre engagé quelques années auparavant pour travailler à l'ornementation du clocher nord. Les figures, traitées avec beaucoup de raideur, sont encore très médiévales.*

Sur le bord de la niche est sculptée, en vieux français et en lettres gothiques, l'inscription suivante :

COME. IHESUCHRIST.RESSUSCITE. APAROIST.ALA.VIERGE.MARIE.

Le parti d'identifier la scène, adopté pour ce groupe et les sept suivants, est abandonné ensuite.

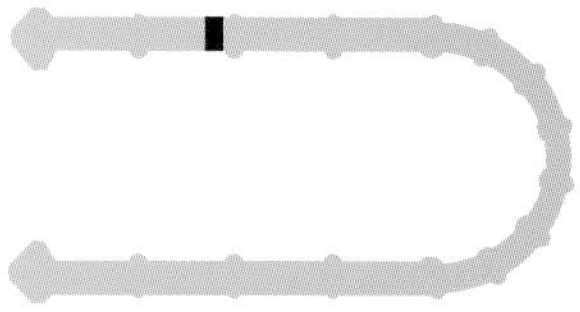

Quatorzième travée nord, première section.

L'Ascension

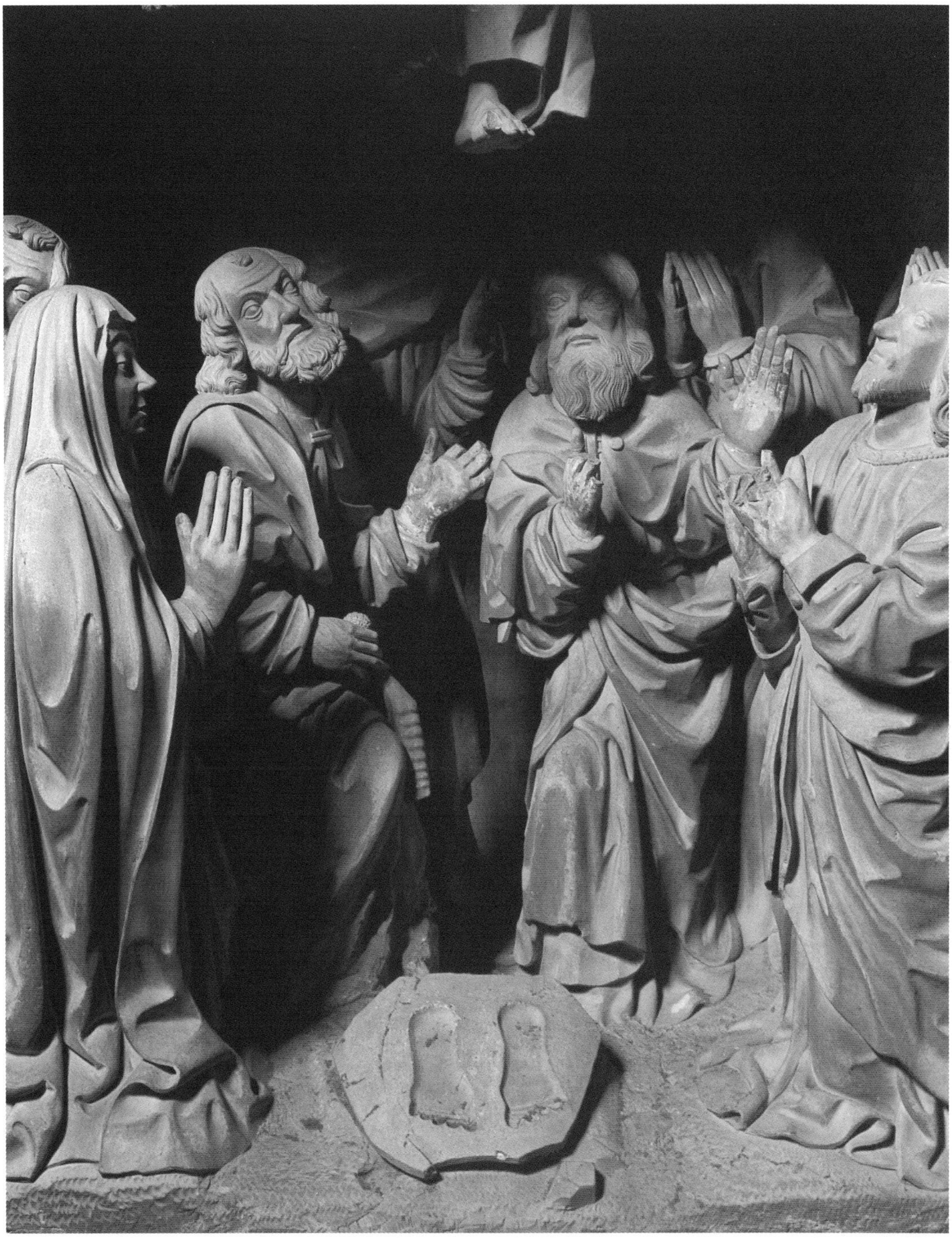

L'Ascension,
anonyme, vers 1516
(Mc 16, 19 ; Lc 24, 50-53 ; Ac 1, 9).
La croyance de l'Ascension, bien que reposant sur des bases fragiles, se répandit très vite. Il n'existe aucune certitude quant à la présence de la Vierge qui est cependant le personnage central de la scène. Le Christ, qui a fini son temps sur la terre, s'élève dans le ciel sous le regard des disciples et disparaît rapidement dans les nuées.
La représentation est la traduction littérale du passage des Actes des Apôtres. Marie et les Apôtres, les mains jointes ou levées en signe d'acceptation, regardent s'élever le Christ. L'un deux, à gauche, porte son livre de prières serré dans un sac. Jésus, dont seule la partie inférieure du corps est sculptée, est en partie caché par la voûte qui figure les nuées. Seule est restée au sol l'empreinte profonde de ses pieds. Tous les visages des apôtres aux traits inexpressifs présentent de grandes similitudes comme sculptés sur un modèle unique, les mains sont larges et puissantes, les draperies alourdies.

COME.NOSTRE.SEIGNEUR.
MONTE.ES.CIEUX
(sur le bord de la niche).

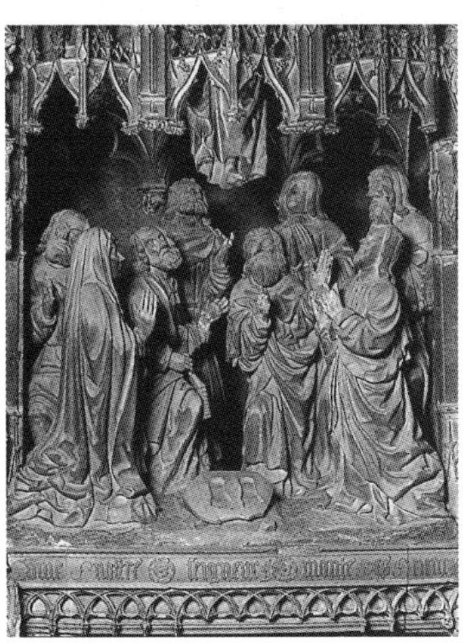

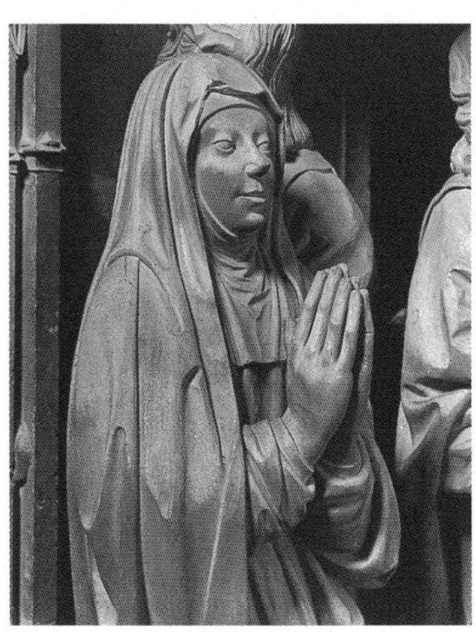

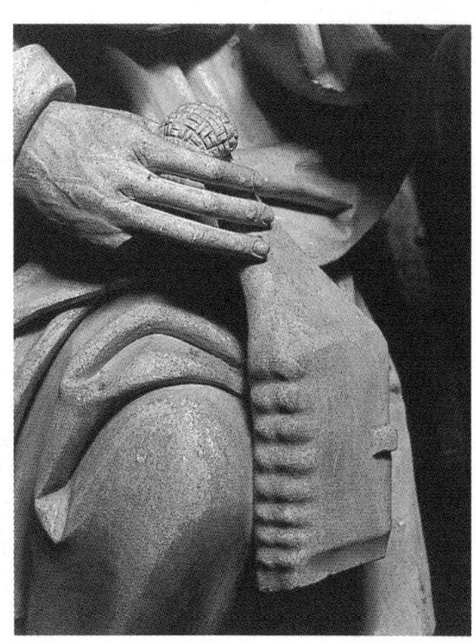

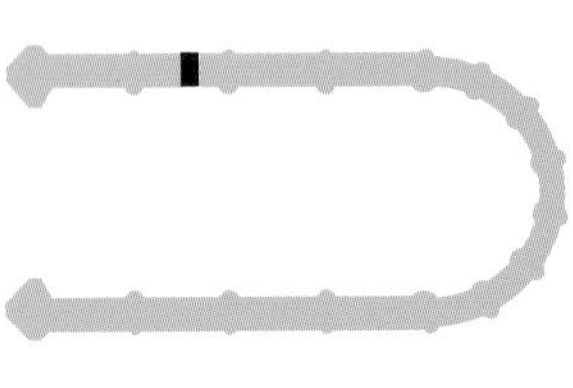

Quatorzième travée nord, deuxième section.

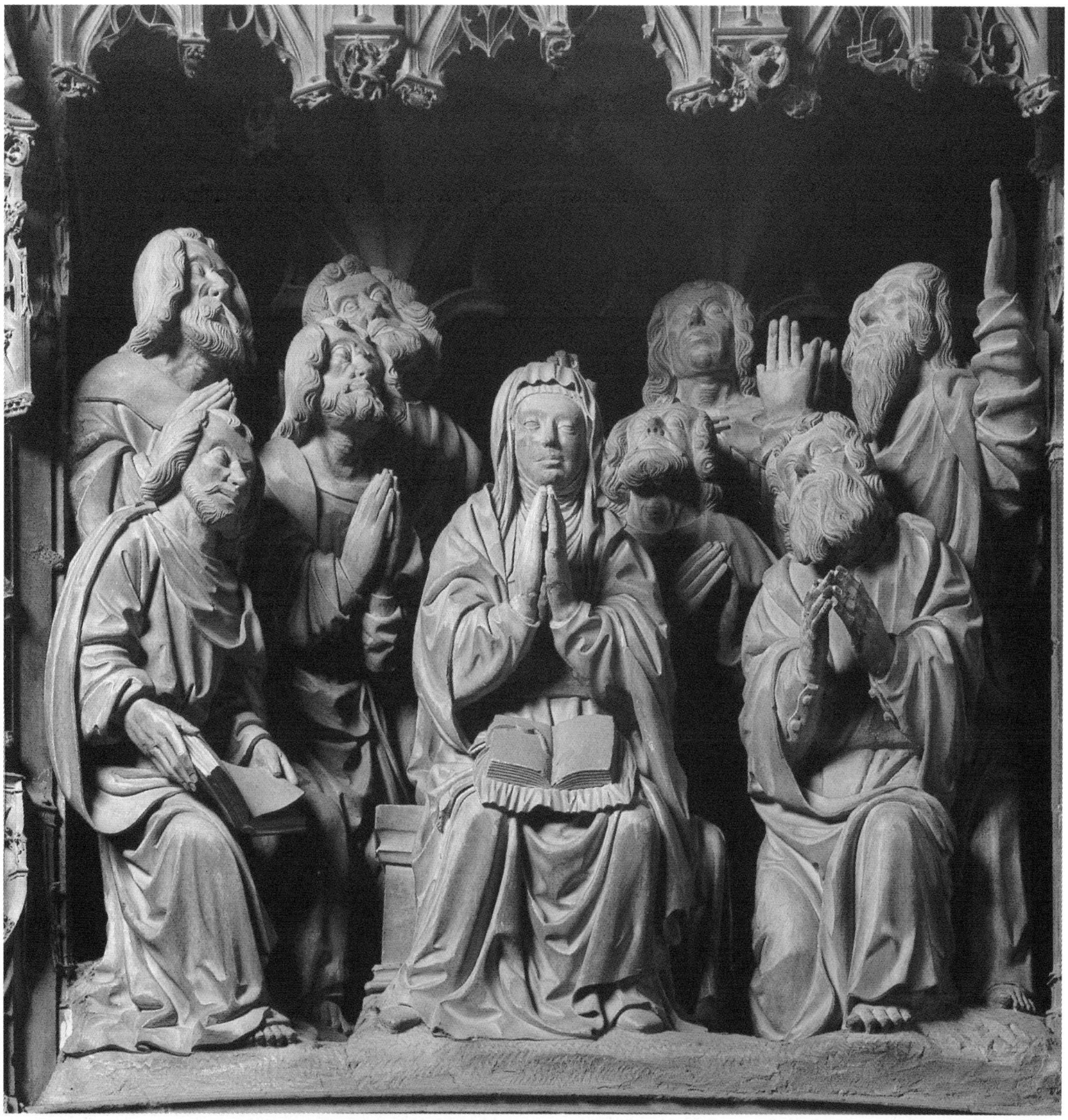

La Pentecôte,
anonyme, vers 1516
(Ac 2, 1-4).
Il n'existe, là encore, aucune mention de la présence de Marie lors de cet événement. Le Christ ressuscité envoie le Saint-Esprit sur les Apôtres pour leur permettre de parler toutes les langues qui seront nécessaires à la prédication de l'Évangile. Les Apôtres font cercle autour de la Vierge, saint Jean se tient au fond, un apôtre porte une aumônière en fourrure pendue à la ceinture. Rien n'indique la présence de l'Esprit : aucune colombe ni les langues de feu posées au-dessus des têtes comme le veut l'iconographie traditionnelle ; la scène se situe, en fait, dans la période d'attente précédant la Pentecôte. La composition et le traitement des visages et des draperies sont les mêmes que dans la scène de l'Ascension.

COME.LE.SAINT.ESPRIT.
DESCENT.SUS.LES.APOTRES
(sur le bord de la niche).

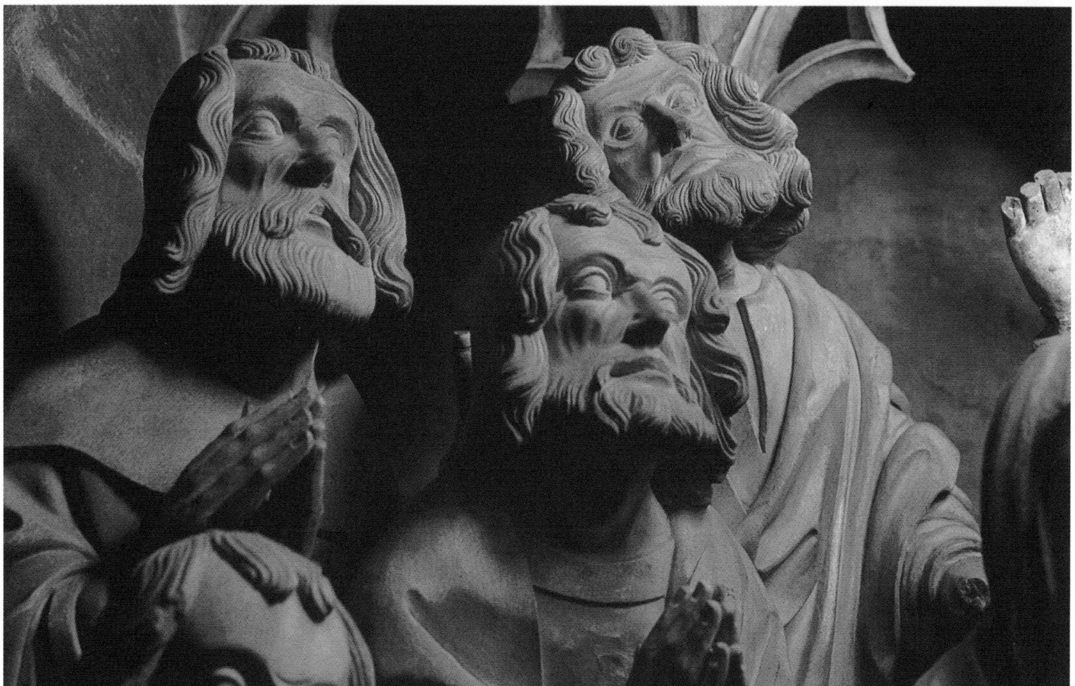

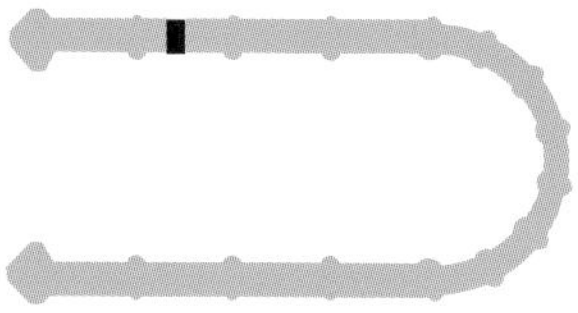

Quatorzième travée nord, troisième section.

L'Adoration de la Croix

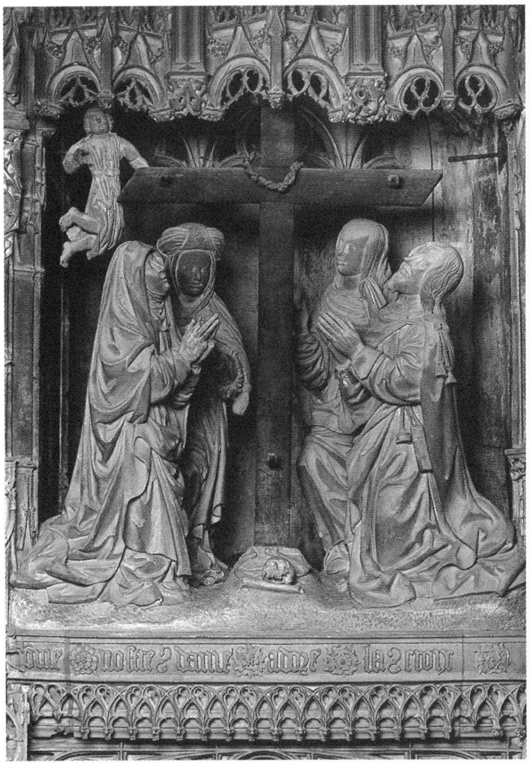

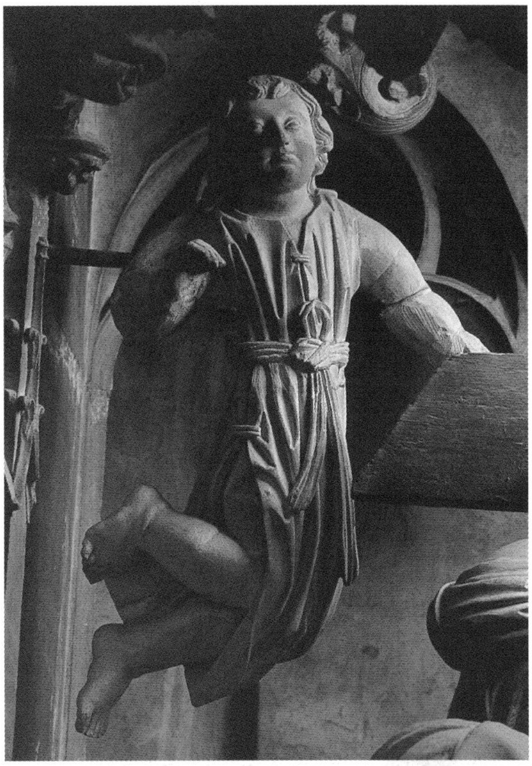

L'Adoration de la Croix,
anonyme, vers 1516
(J. de Voragine, La Légende Dorée, l'Exaltation de la Sainte-Croix*).*
La Croix du supplice est l'objet d'une dévotion fervente au Moyen Âge. Cette vénération englobe rapidement les autres Instruments de la Passion.
La Vierge et saint Jean accompagnés de deux saintes Femmes sont agenouillés en adoration devant la Croix présentée par un ange en vol à gauche. L'ange de droite a disparu. Les clous sont restés fichés dans le bois, la couronne d'épines est passée autour de la branche supérieure, le crâne d'Adam et le tibia sont posés au pied.
Le traitement stylistique se rapproche plus de la scène de l'Apparition du Christ à sa mère *que des scènes de* l'Ascension *et de la* Pentecôte.

COME.NOSTRE.DAME.
ADORE.LA.CROIX
(sur le bord de la niche).

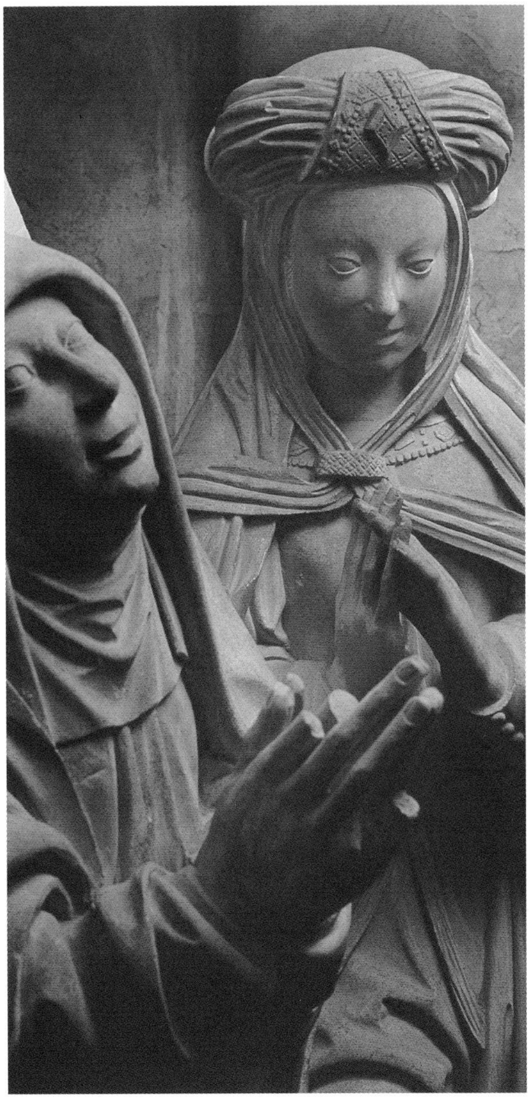

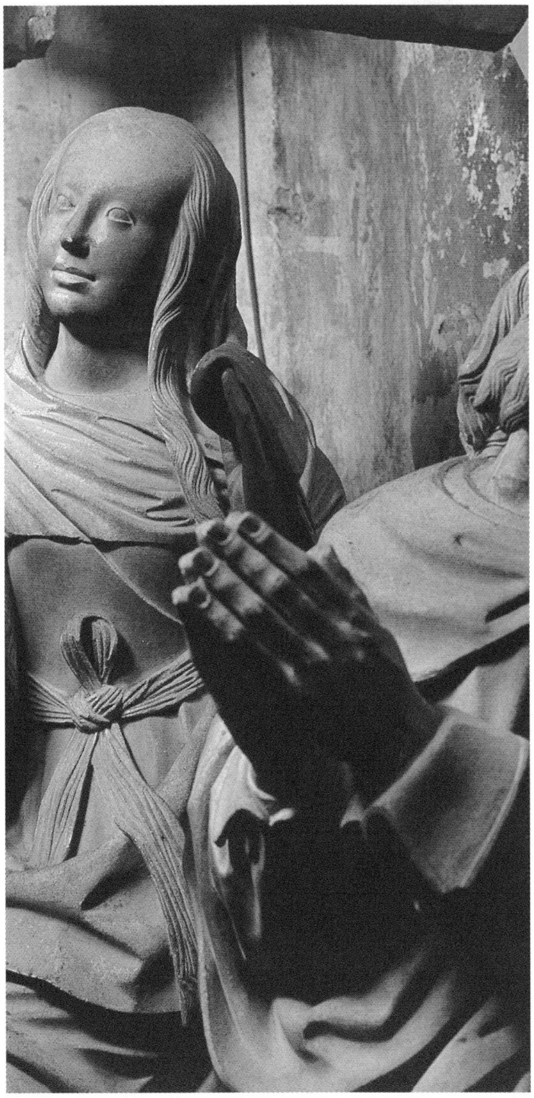

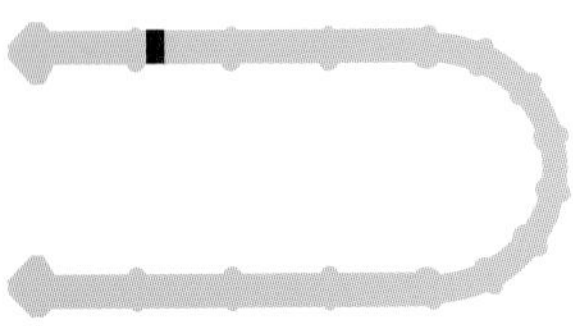

Quatorzième travée nord, quatrième section.

La Dormition et les Funérailles de la Vierge

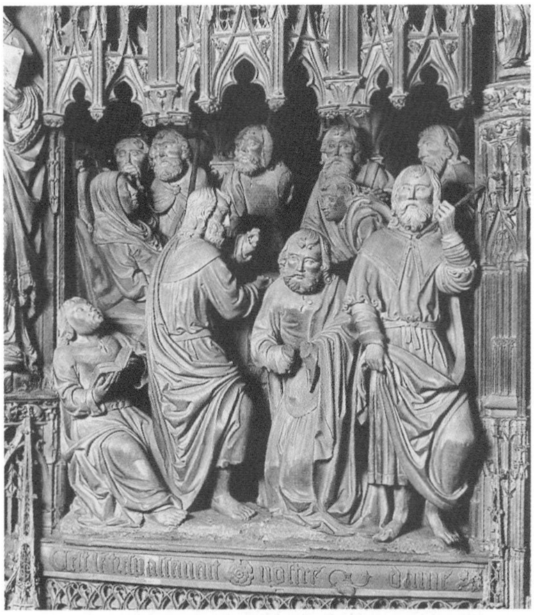

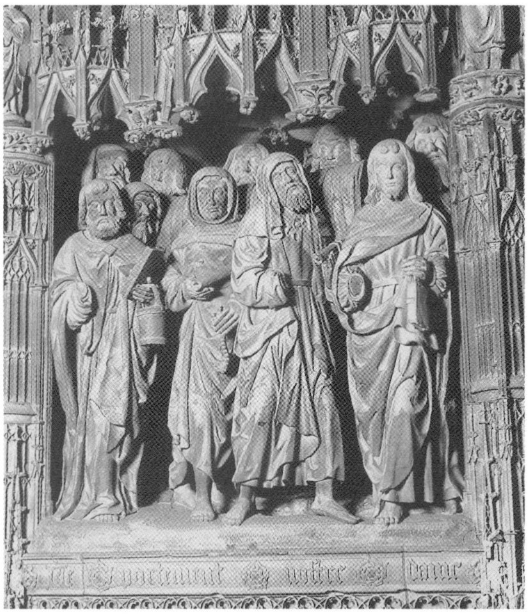

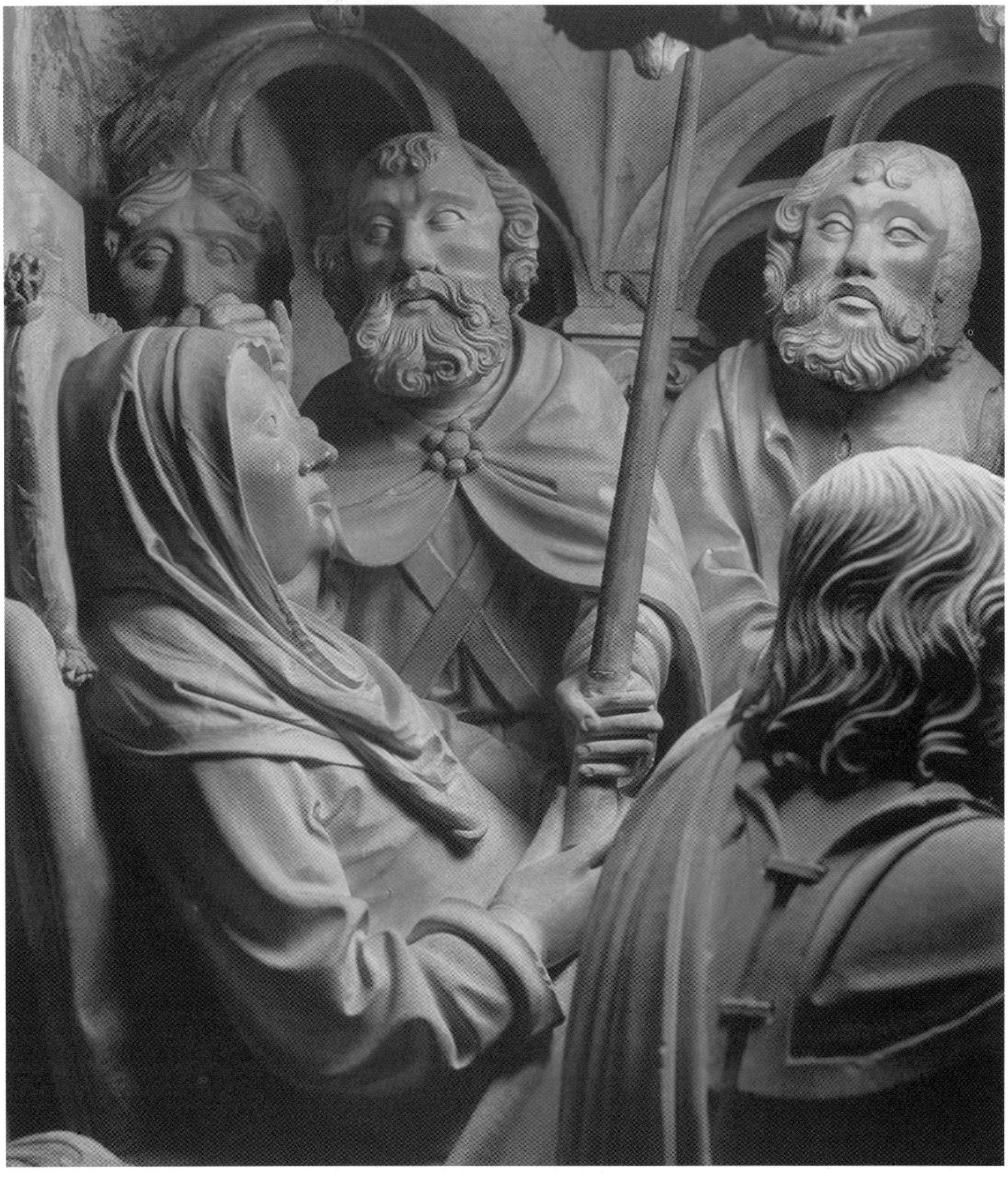

La Dormition de la Vierge,
anonyme, vers 1516
(J. de Voragine, La Légende Dorée, l'Assomption de la bienheureuse Vierge Marie*).*
La Vierge est couchée mourante sur son lit, figurée de profil et presque assise. Les Apôtres se pressent à son chevet, l'un deux l'aide à tenir un cierge. Le personnage jeune, peut-être saint Jean, assis à terre au premier plan récite les prières.

CEST.LE.TRESPASSEMENT. NOSTRE.DAME
(sur le bord de la niche).

Les Funérailles de la Vierge,
anonyme, vers 1516
(J. de Voragine, La Légende Dorée, l'Assomption de la bienheureuse Vierge Marie*).*
Il s'agit du cortège funèbre de la Vierge ; les Apôtres portent le cercueil recouvert d'une draperie sur leurs épaules. Deux poignées de préhension sont visibles. Un apôtre à gauche porte un seau d'eau bénite et un livre de prières, un autre à droite son livre enfermé dans une pochette. L'étroitesse de la niche a contraint le sculpteur à ne sculpter que les têtes des trois apôtres placés au fond et au centre de la scène.

LE.PORTEMENT.NOSTRE.DAME
(sur le bord de la niche).

Quinzième travée nord, première et deuxième sections.

La Résurrection de la Vierge

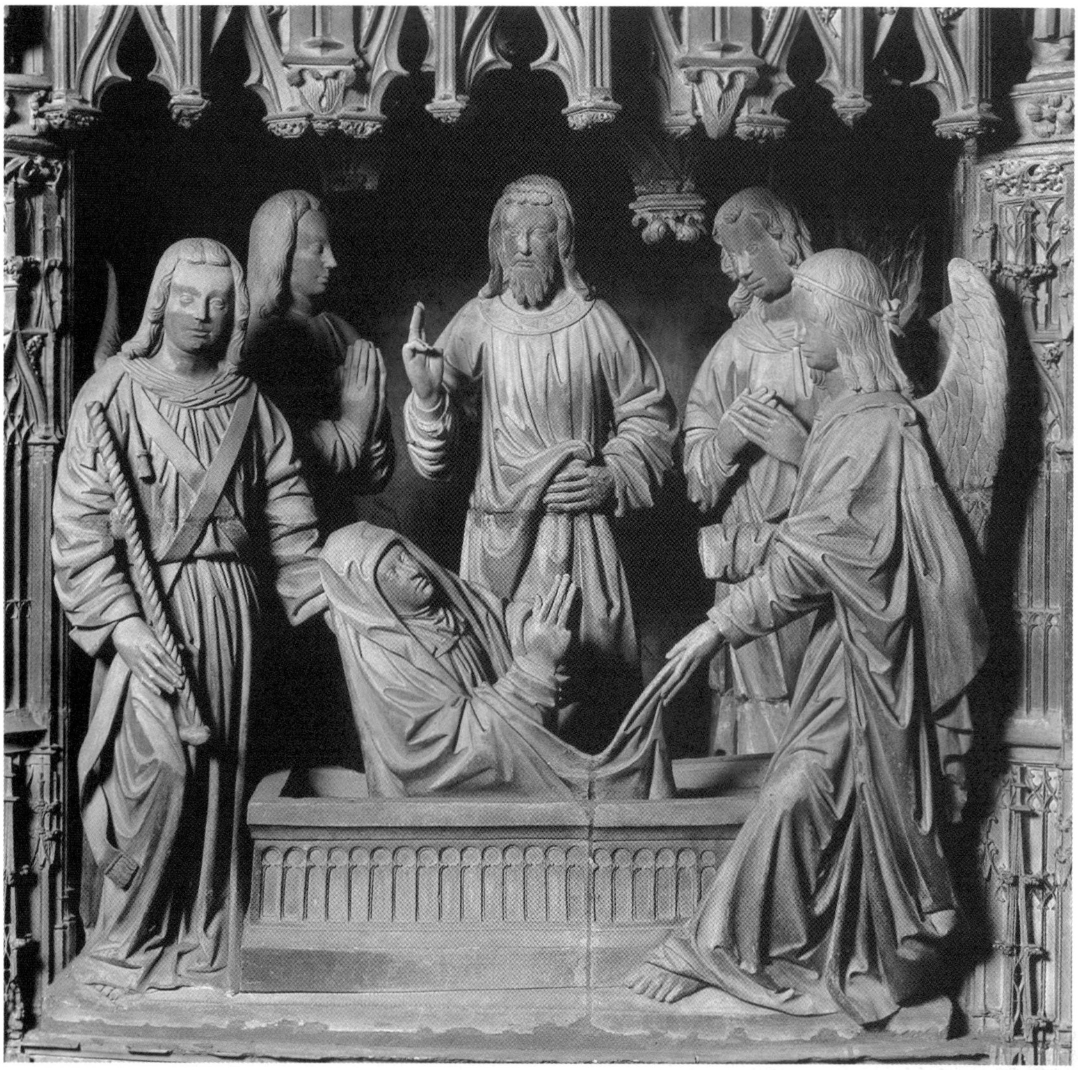

La Résurrection de la Vierge,
anonyme, vers 1516
(J. de Voragine, La Légende Dorée, l'Assomption de la bienheureuse Vierge Marie*).*
Comme son Fils, Marie ressuscite trois jours après sa mort. Assistée par un ange, elle se soulève et sort de son linceul, les mains jointes ; le Christ entre deux anges la ressuscite en la bénissant. L'ange à gauche portait un chandelier.
Longtemps confondue avec l'Ensevelissement de la Vierge, avec laquelle elle présente des similitudes iconographiques, il s'agit en fait de la Résurrection de la Vierge*. L'assemblée d'anges a remplacé celle des Apôtres.*
Le sculpteur lui-même a confondu les deux scènes et a inscrit sur le bord de la niche :

LE.SEPULCRE.DE.NOSTRE.DAME.

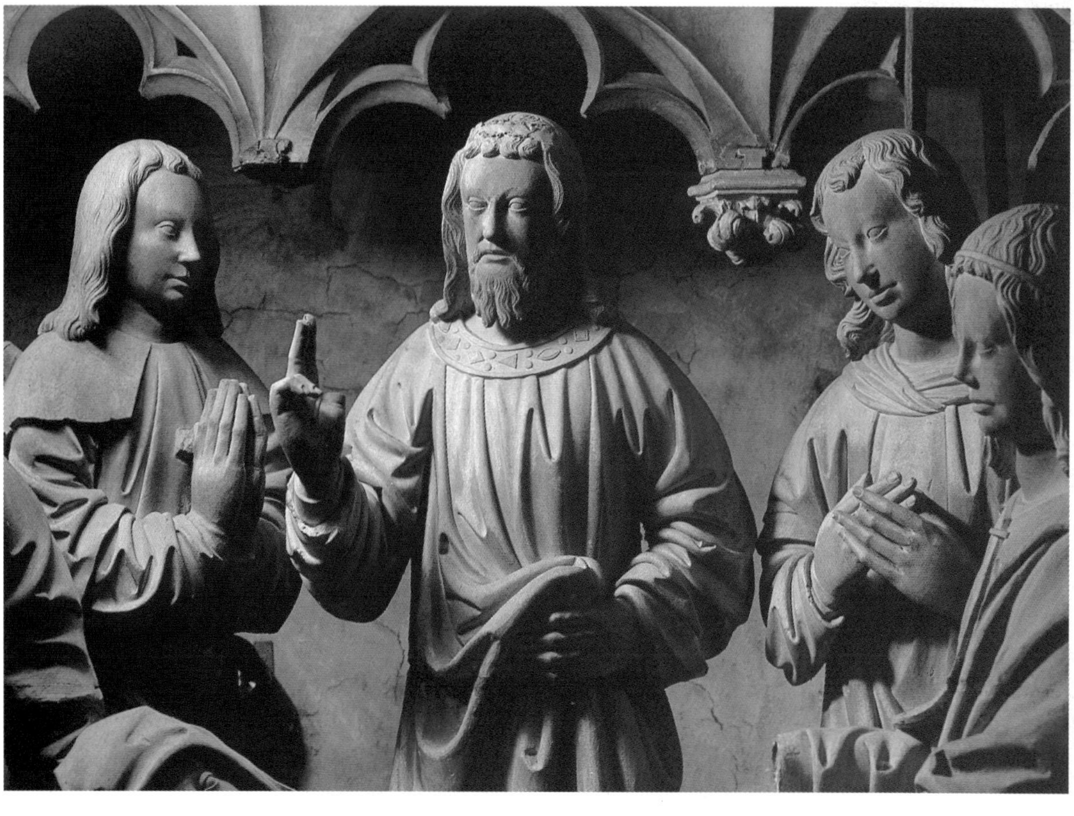

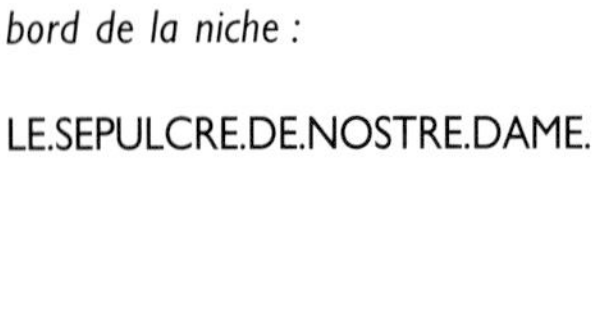

Quinzième travée nord, troisième section

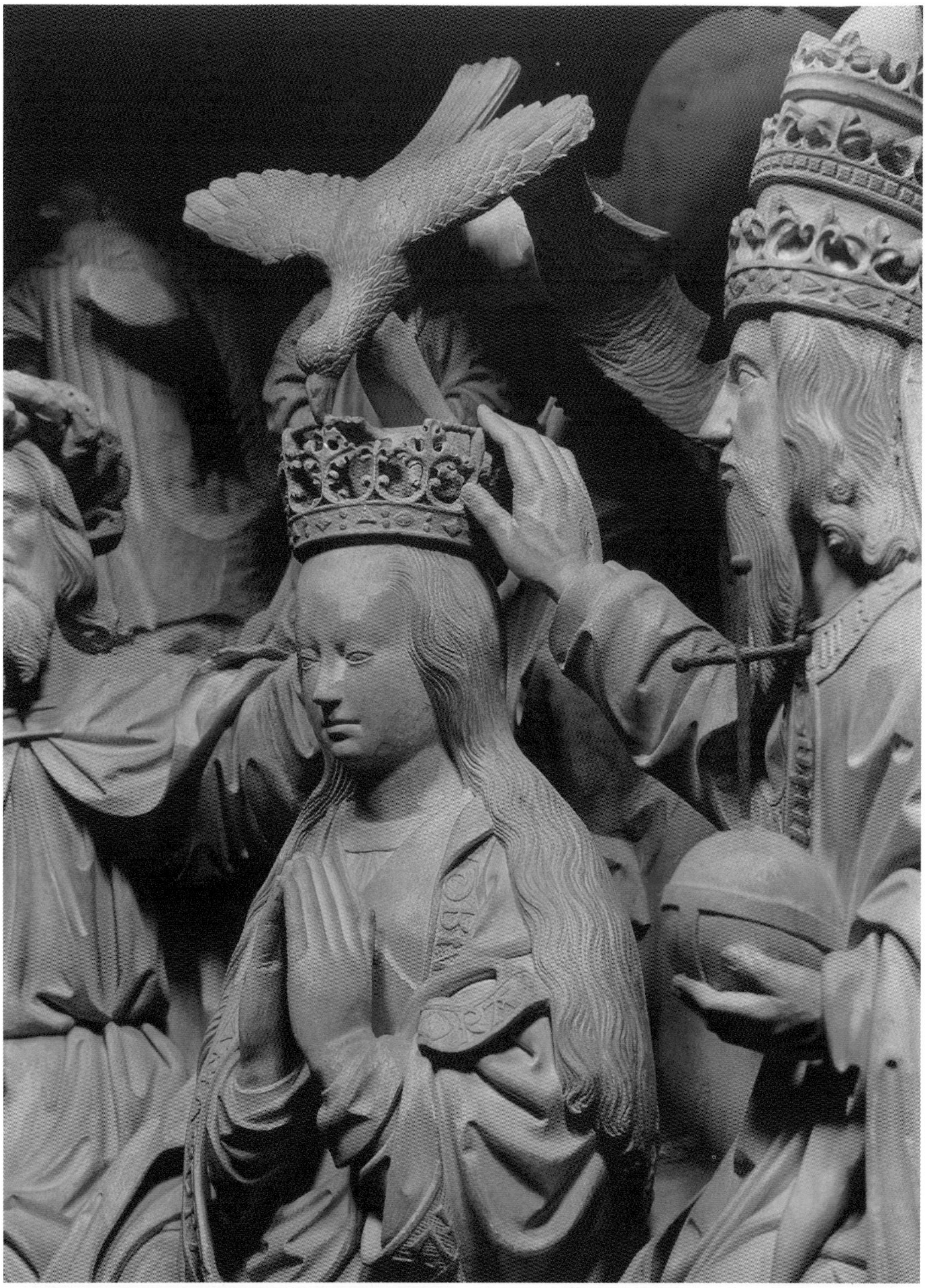

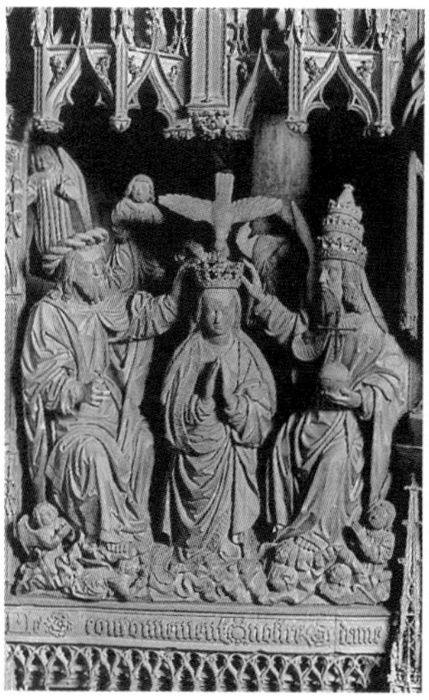

Le Couronnement de la Vierge, *anonyme, vers 1516*
*(*J. de Voragine, La Légende Dorée, l'Assomption de la bienheureuse Vierge Marie*).*
Motif populaire qui clôt le cycle de la Vie de la Vierge et célèbre son Triomphe, le Couronnement, *qui est l'intronisation de Marie au ciel, semble être une création de l'art français du* XIIe siècle.
Sur les nuées, la Vierge assise au centre est couronnée par le Père et le Fils ; l'Esprit descend au-dessus de sa tête sous la forme d'une colombe aux ailes déployées. Dieu tient le globe dans la main et porte la tiare, Jésus a gardé la couronne d'épines mais ces dernières en ont été ôtées. Le cortège céleste des anges se joint à eux. Au premier plan, les petits anges déroulent des phylactères de glorification, d'autres à l'arrière sonnent de la trompette (les instruments sont cassés).

LE.COURONNEMENT.
NOSTRE.DAME
(sur le bord de la niche).

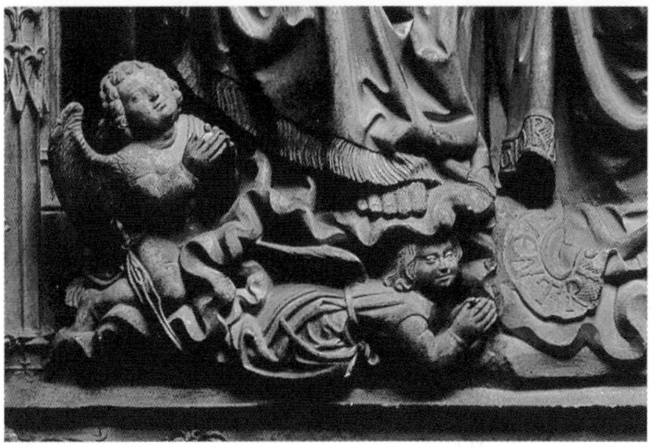

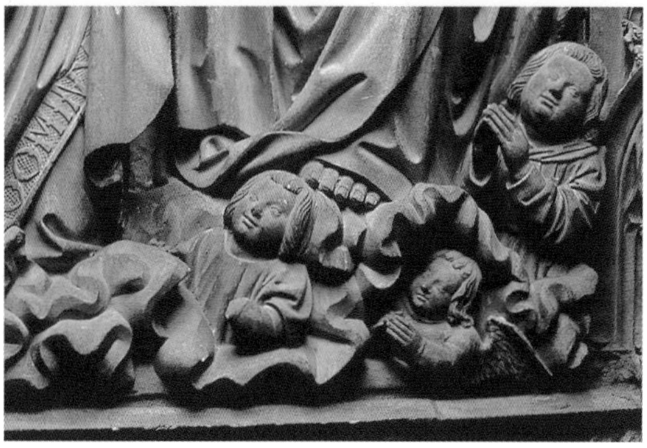

Quinzième travée nord, quatrième section.

Les statues

Au niveau des grandes scènes, seize statues d'ecclésiastiques richement parés sont placées sur les contreforts, à la jonction des travées. Elles sont couronnées de dais architecturés qui se superposent aux baldaquins supérieurs.

Évêque ou saint personnage *coiffé d'une mitre précieuse ornée de pierreries (a). Il est vêtu d'une aube brodée, d'une riche dalmatique et d'une lourde chape dont l'orfroi est magnifiquement orné. La main droite tient un livre ouvert, la main gauche portait la crosse, probablement en bois, dont il ne subsiste que le nœud. La chape est retenue par un fermail (c) sur lequel est sculptée, sous des arcatures, une scène de Déploration adorée par un ange. Début du XVI*[e] *siècle. Jonction des deuxième et troisième travées sud.*

Fulbert, *évêque de Chartres de 1006 à 1028 (b). Il est vêtu d'une aube longue qui s'écrase sur les pieds, d'une dalmatique garnie de dentelle et d'une chape très simple, à son cou pend une croix pectorale. Sur la tête est posée une mitre précieuse très haute dont l'extrémité supérieure est cassée. Sur un parchemin déroulé, l'évêque présente le plan de sa nouvelle cathédrale qui ne sera achevée qu'en 1037, après sa mort (d). La statue est impressionnante par le mouvement et l'énergie dégagée par le personnage dont on ressent la forte personnalité. Début du XVIII*[e] *siècle. Jonction des septième et huitième travées sud.*

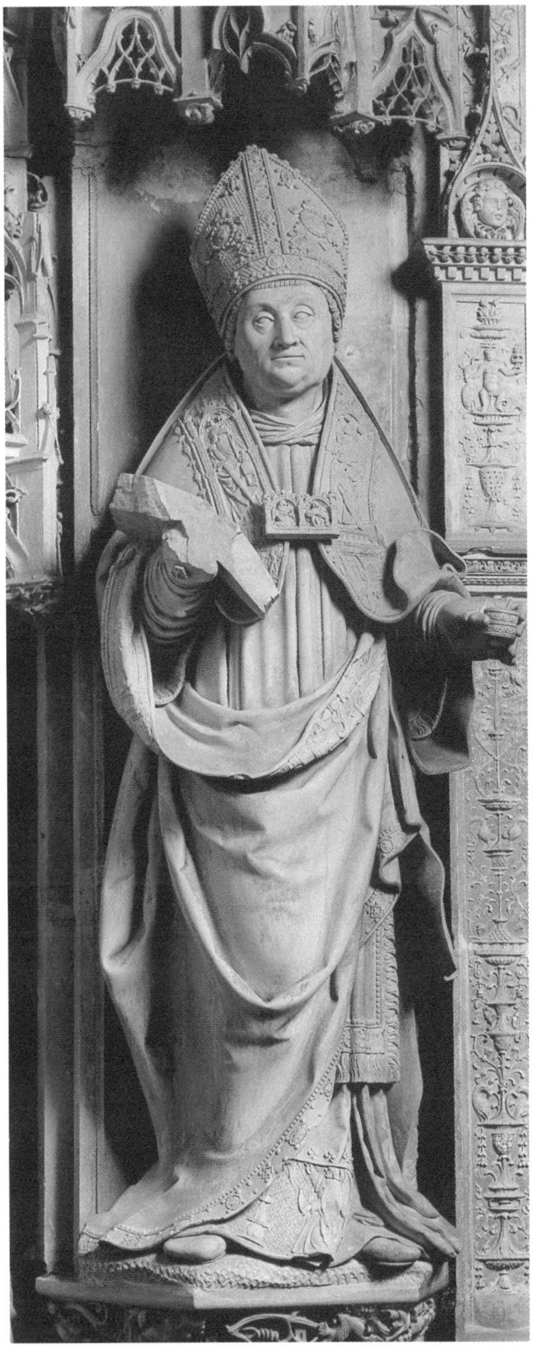
a

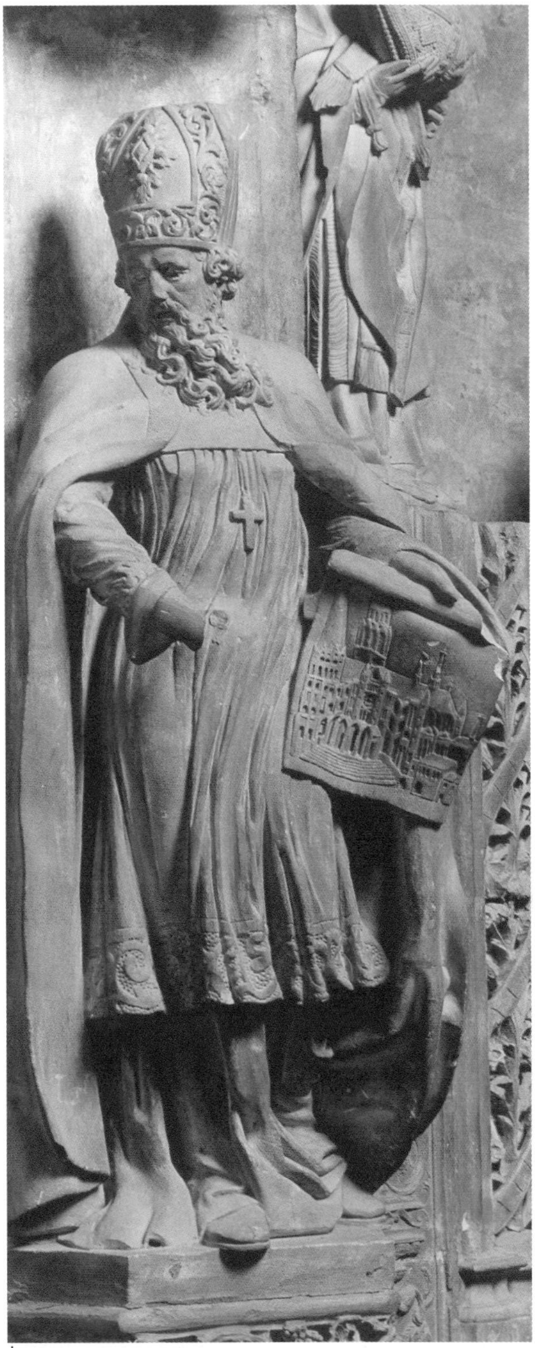
b

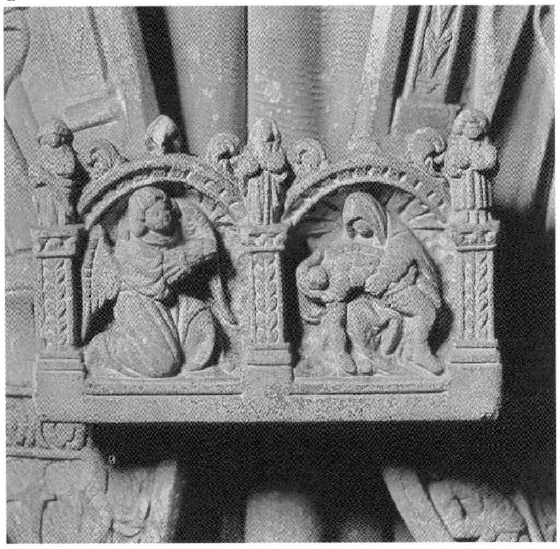
c

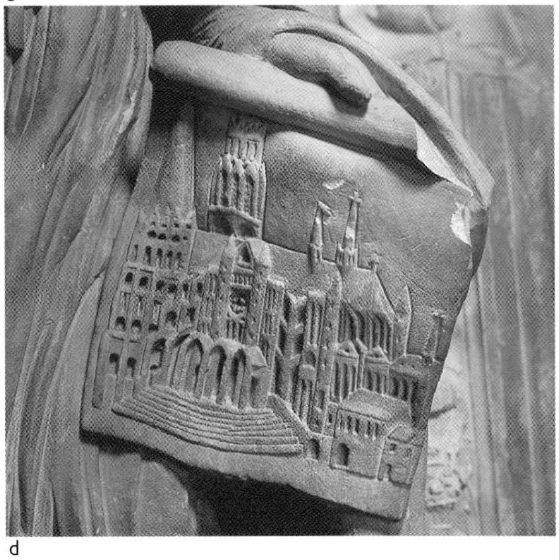
d

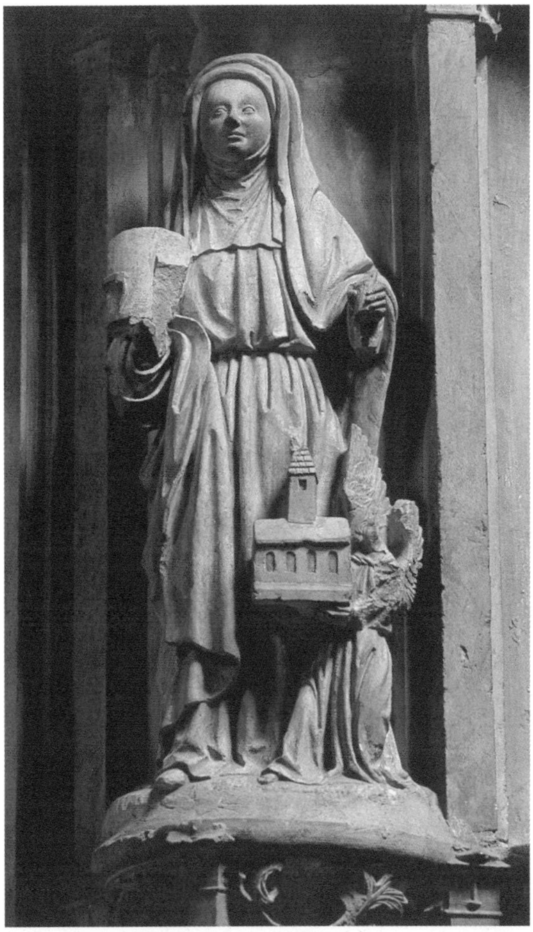
a

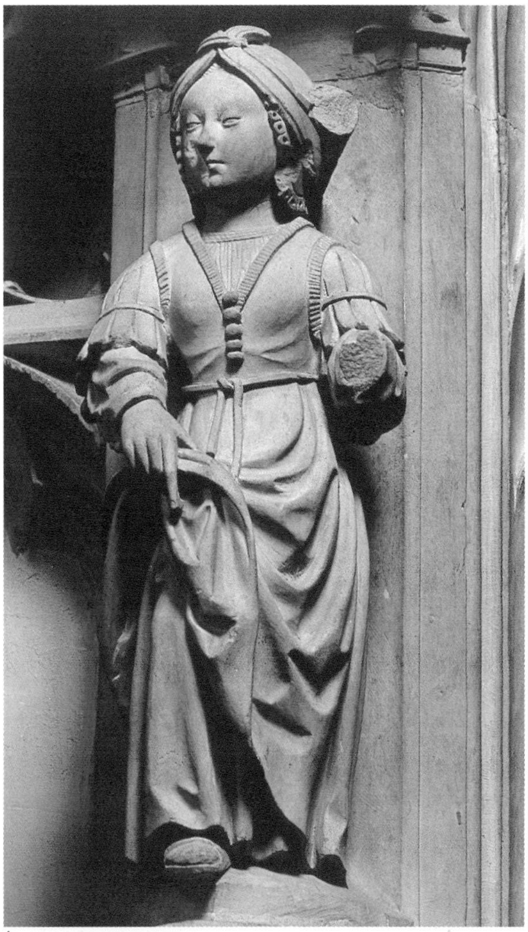
b

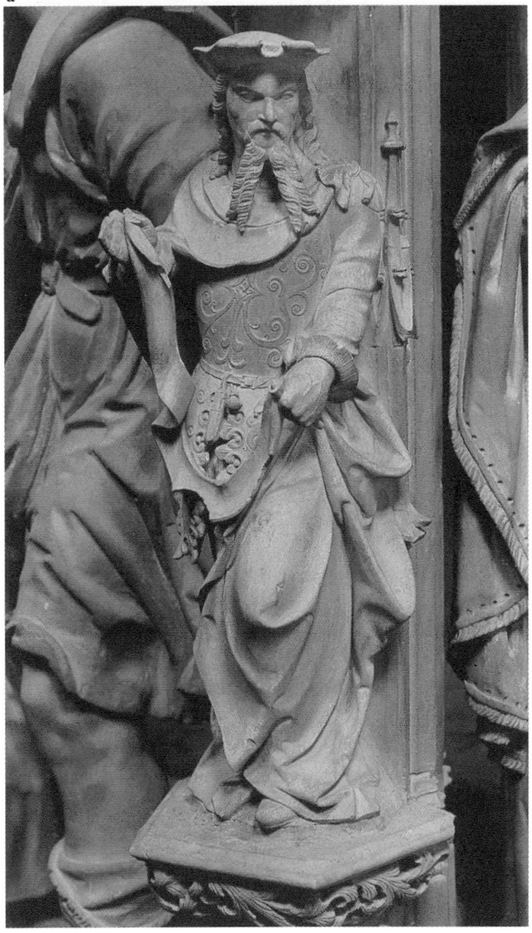
c

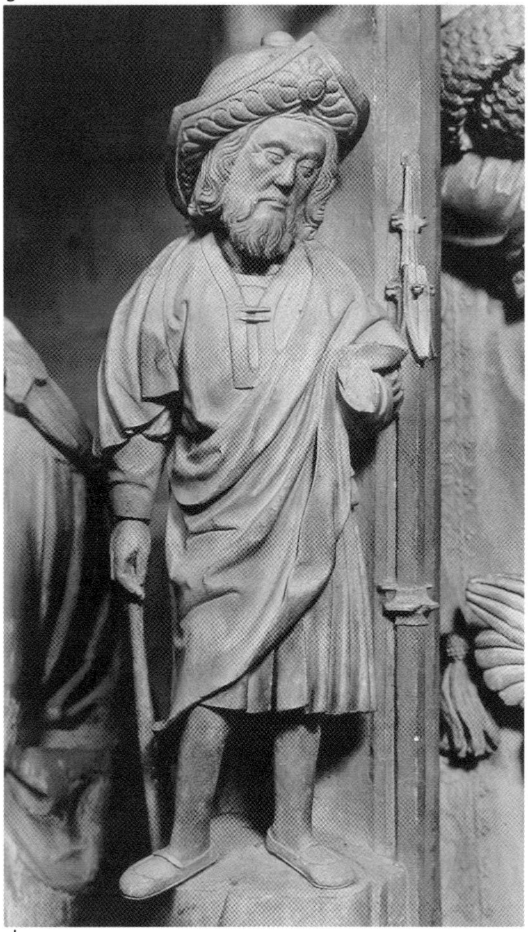
d

Placées à l'intérieur des travées et sur les gros contreforts, à l'étage inférieur, les statuettes s'étagent sur trois niveaux sauf dans les deux travées les plus proches de la croisée au nord, dépourvues d'étage médian. Sur les cent trente-six statuettes prévues à l'origine, cinquante-deux ont disparu, en majorité situées au niveau de la claire-voie ; quelques-unes sont en outre très mutilées. Les premières statuettes étaient seulement posées sur les socles, puis elles furent scellées en raison de la convoitise qu'elles suscitaient. Elles datent généralement, telles les statuettes suivantes, de la première moitié du XVIe siècle.

Religieuse *(a). Vêtue de l'habit monacal et tenant un livre de prières dans la main droite, elle est accompagnée d'un ange qui présente la maquette d'une chapelle. Jonction des première et deuxième travées sud, étage inférieur.*

Jeune femme *(b). Les traits fins de cette jeune femme, vêtue et coiffée simplement, présente des similitudes avec le visage de Marie-Cléophas ou de Marie-Salomé du groupe de la Visitation ; la compagne de Marie servit probablement de modèle. Quatorzième travée nord, étage inférieur.*

Un prophète ? *(c). La physionomie est sévère, il porte la moustache et une barbe à longues pointes. Sur la tunique est ajusté un plastron orné de rinceaux, un grand manteau est retenu sur l'épaule. Il déroule un phylactère entre ses mains. Treizième travée nord, étage médian.*

Saint Jacques le Majeur en pèlerin *(d). Il s'appuie sur le bourdon et porte l'habit de pèlerin : la robe courte pour marcher commodément, le manteau et le chapeau à motifs de coquille et à larges bords qui protège le visage du soleil et des intempéries. Troisième travée sud, étage médian.*

Les statuettes

Ange d'adoration *(a). Les ailes largement déployées, l'attitude et le visage sereins en font une statuette très délicate. Première travée sud, étage médian.*

Le Courage *(b) est la copie fidèle d'un haut-relief situé sur le porche du portail sud de la cathédrale. L'allégorie est représentée sous les traits d'une femme casquée, vêtue d'une cotte de mailles passée sur la robe. Elle tenait, dans la main droite, une épée dressée dont seul subsiste le pommeau. L'écu est frappé du lion, emblème du courage. Sixième travée sud, étage supérieur.*

L'Orgueil *(c) est représenté sous les traits d'une femme assise sur un bélier. Ses longs cheveux sont serrés dans un turban. Elle tient un miroir et sa ceinture est enrichie d'un collier. Deuxième travée sud, étage médian.*

La Gourmandise *(d) est également représentée par une femme assise sur un porc. Vêtue d'une robe très simple, la coiffe attachée par un ruban, elle porte une coupe à sa bouche et tient, serré contre elle, un gâteau dans un plat. Cinquième travée sud, étage supérieur.*
Les deux Vices dont les visages sont très proches ont sans doute été réalisés par le même sculpteur.

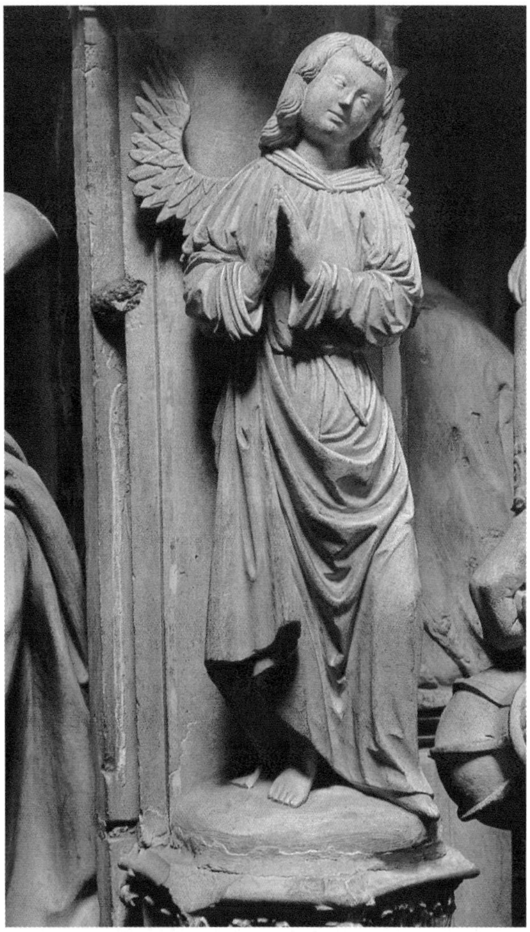

a

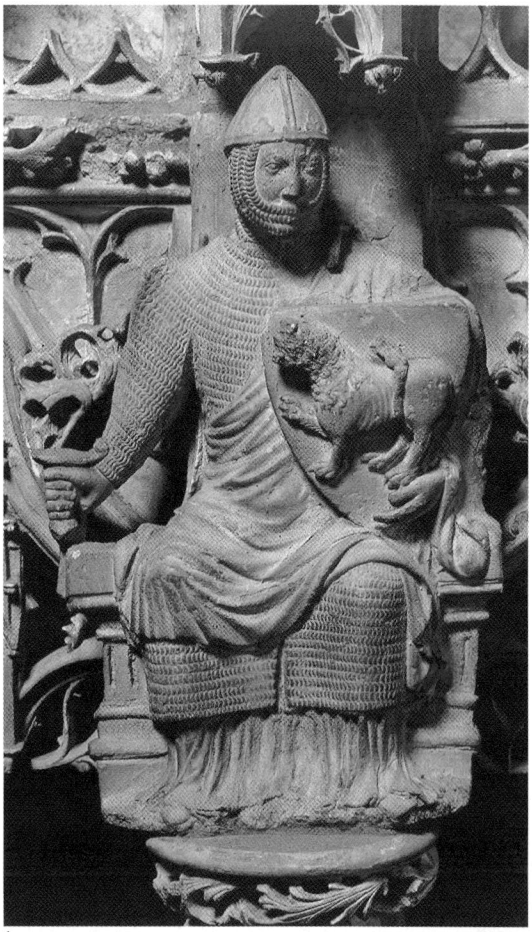

b

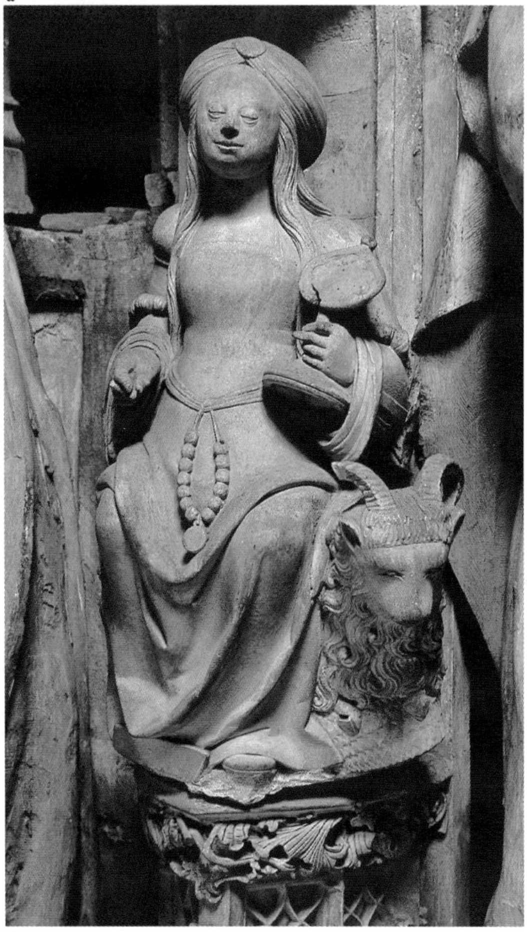

c

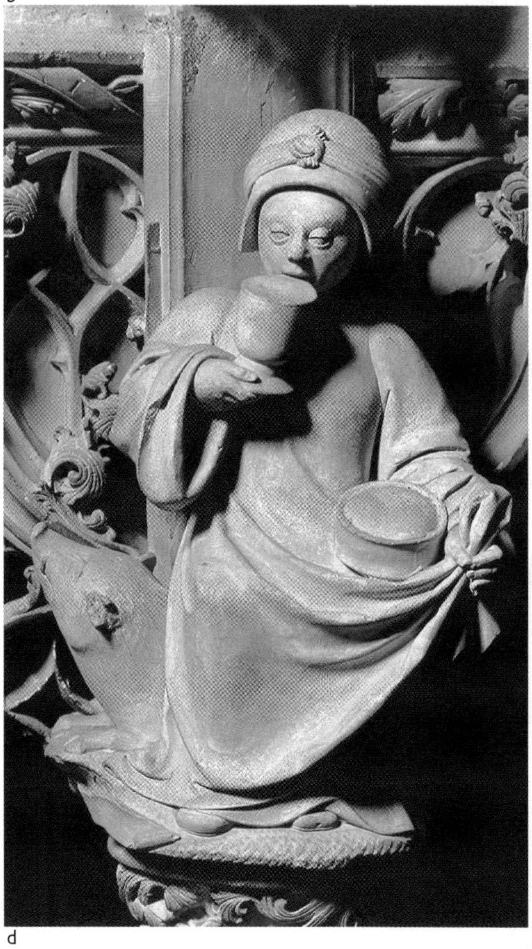

d

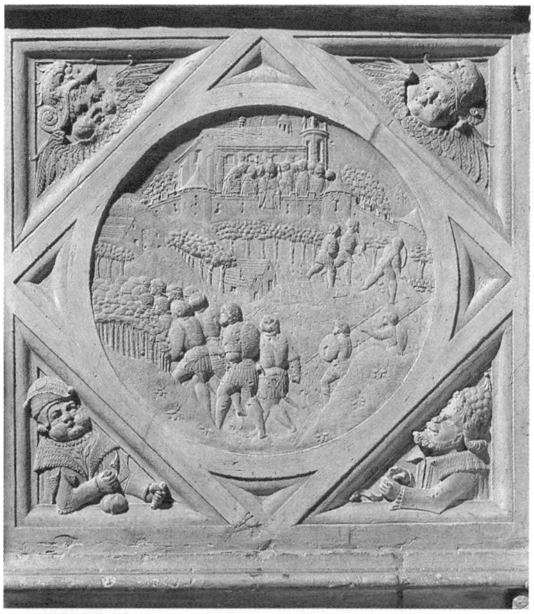
a

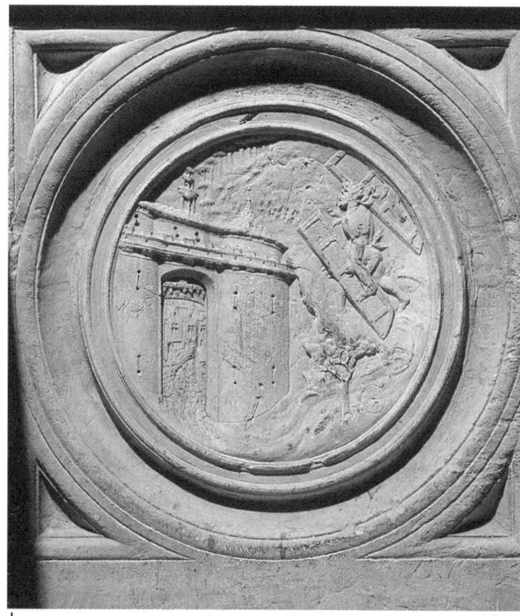
b

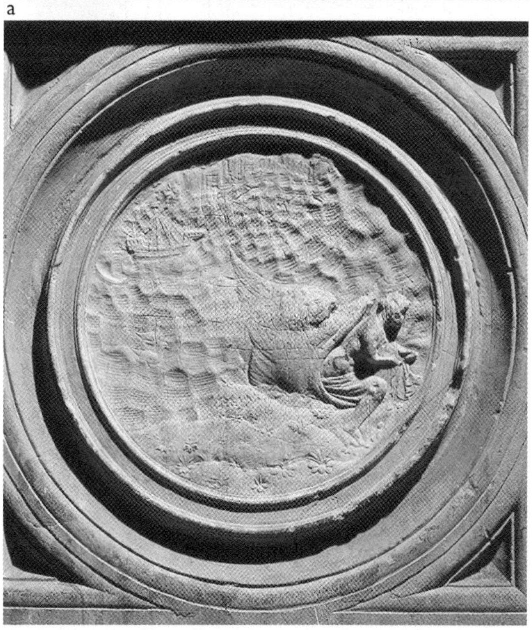
c

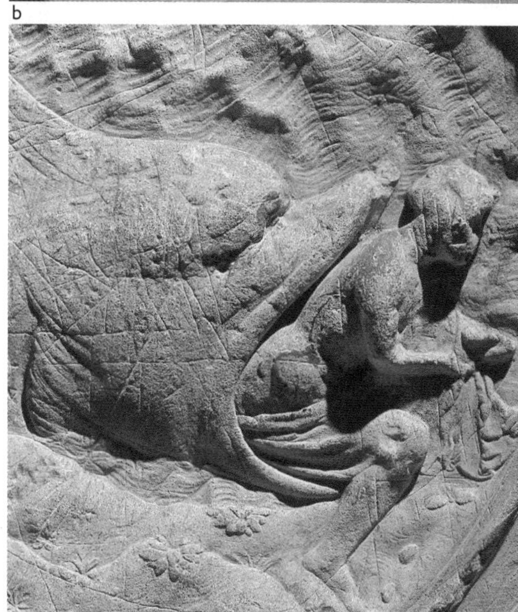
d

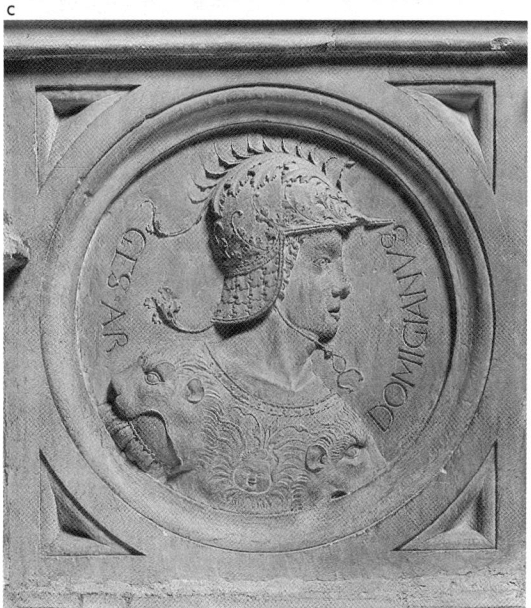

e

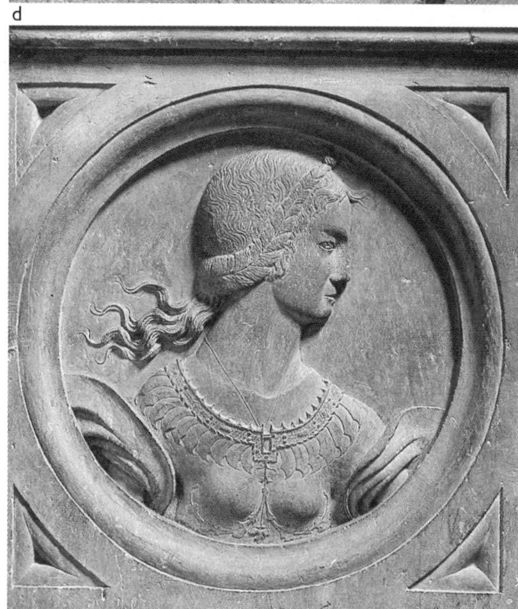
f

Levée du siège de Chartres par Rollon, chef des Normands *(a).*
La légende rapporte que la présentation de la Sainte Chemise, relique précieuse de la cathédrale, fit battre en retraite en 911 l'armée de Rollon qui voulait envahir la ville. Au second plan, depuis les remparts, l'évêque Guillaume expose la relique aux regards des assiégeants, quelques soldats fuient. Au premier plan, l'armée Normande lève le siège. Cinquième travée sud, première section.

Samson emporte les portes de Gaza (Jg 16, 1-3) *(b).*
Samson échappe aux Philistins qui le retenaient prisonnier dans la ville de Gaza, il vient d'arracher les portes de la cité fortifiée et s'envole vers le sommet de la montagne. Huitième travée sud, deuxième section.

Jonas rejeté par la baleine (Jon 2,11) *(c, d). Le prophète Jonas s'embarque sur un navire Phénicien pour échapper à Dieu. Celui-ci déchaîne une tempête, Jonas est jeté à la mer et englouti par une baleine. Il est délivré par Dieu après trois jours passés dans le ventre de l'animal et la baleine le rejette sur le rivage. C'est l'instant où Jonas émerge de la gueule monstrueuse, il tient sa tunique à la main. À gauche, le navire s'éloigne, en haut, des oiseaux de mer nagent à la surface de l'eau. Huitième travée sud, deuxième section.*

L'Empereur Domitien *de profil (e). La tête de profil en médaillon est un motif très en vogue à la Renaissance, il est directement inspiré de l'Antiquité et provient de l'imitation des monnaies antiques et des camées. Le casque est orné de rinceaux, les épaulières de la cuirasse sont en forme de têtes de lion. Treizième travée nord, deuxième section.*

Impératrice romaine *(f). La silhouette gracile, la robe au tissu léger et les cheveux lissés et nattés composent une sculpture fine et gracieuse. Treizième travée nord, troisième section.*

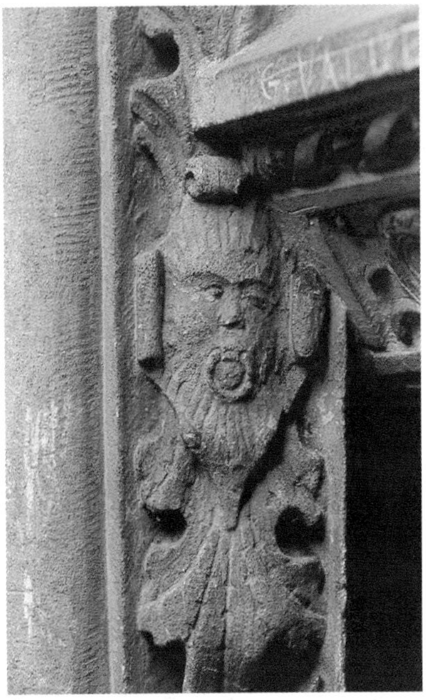

a

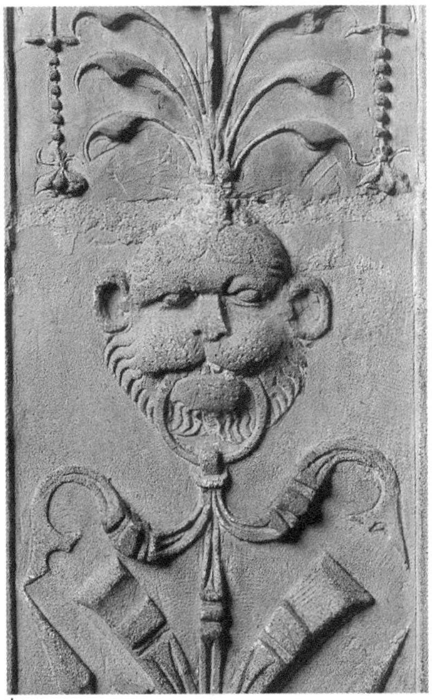

b

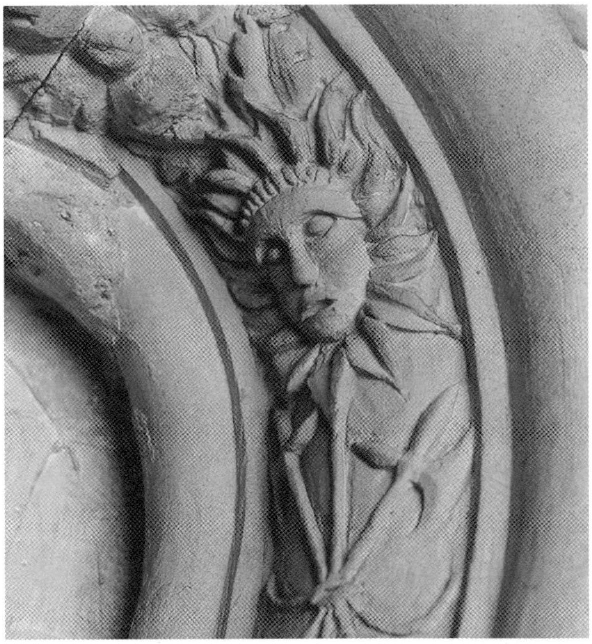

c

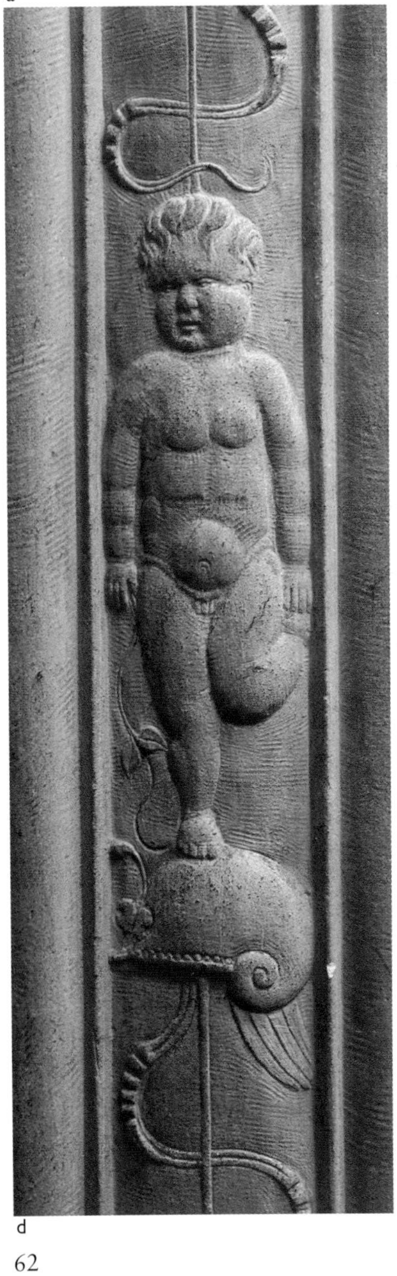

d

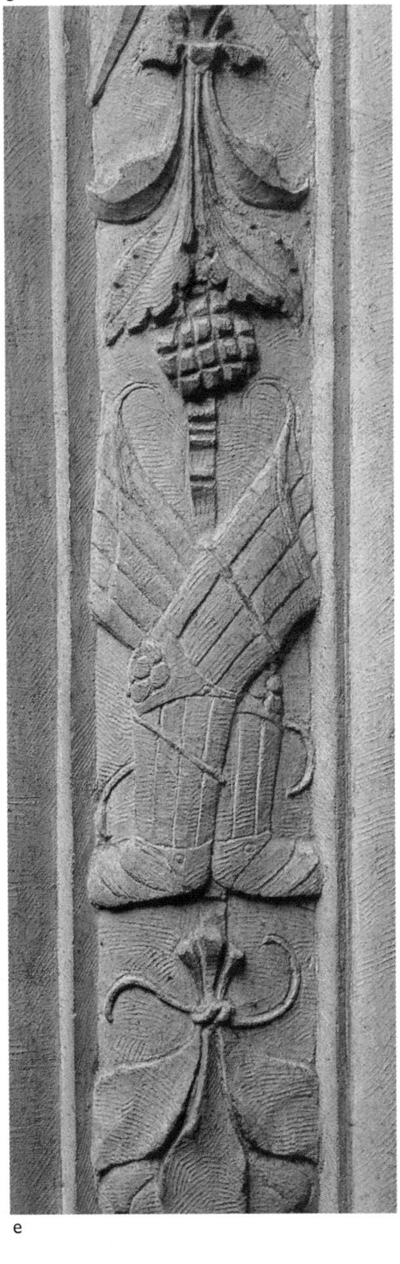

e

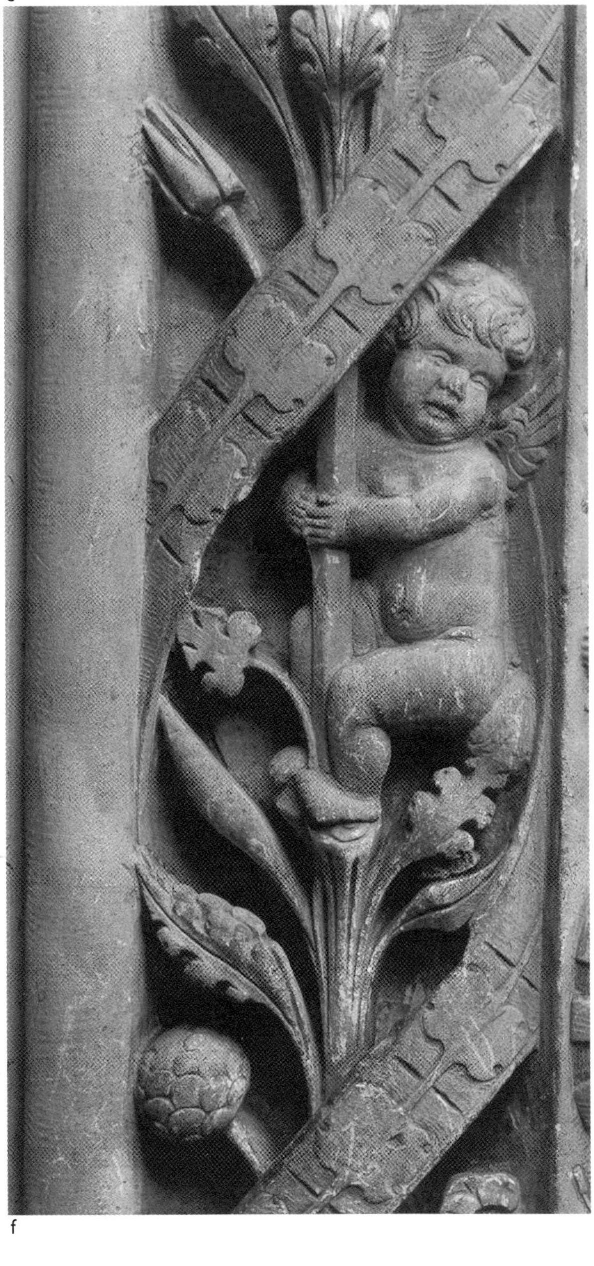

f

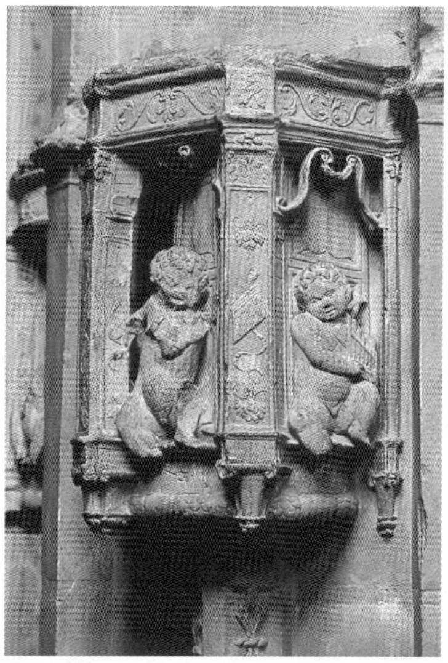

g

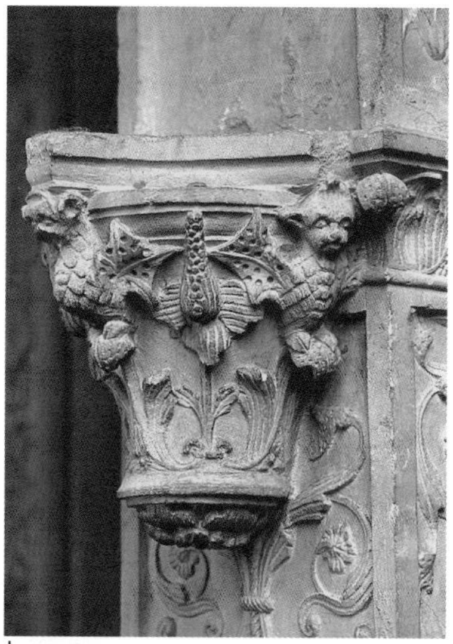

h

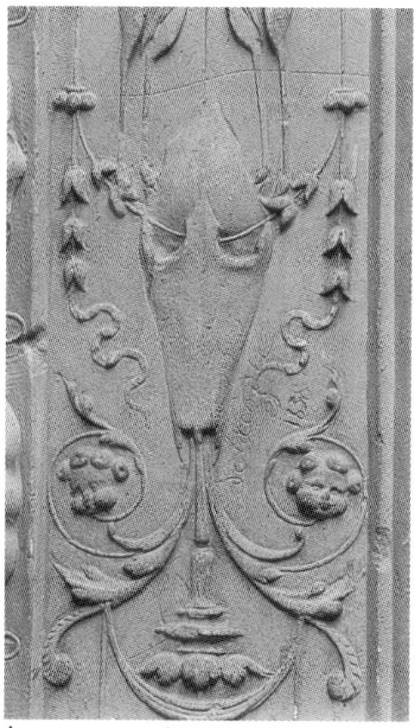

i

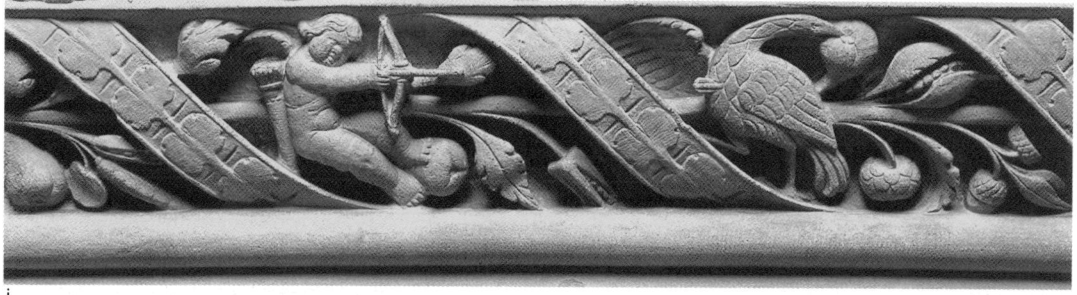

j

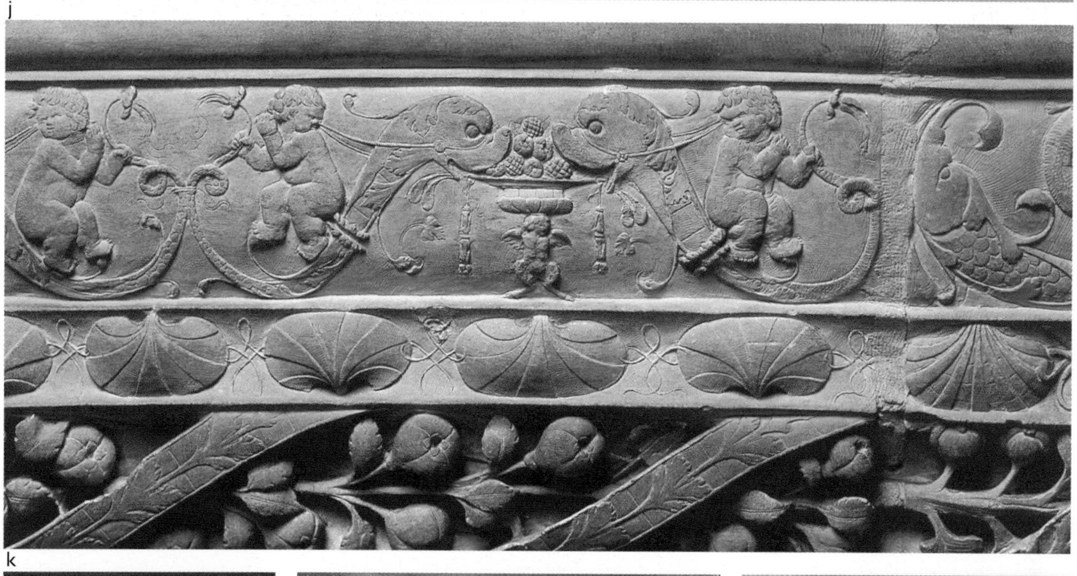

k

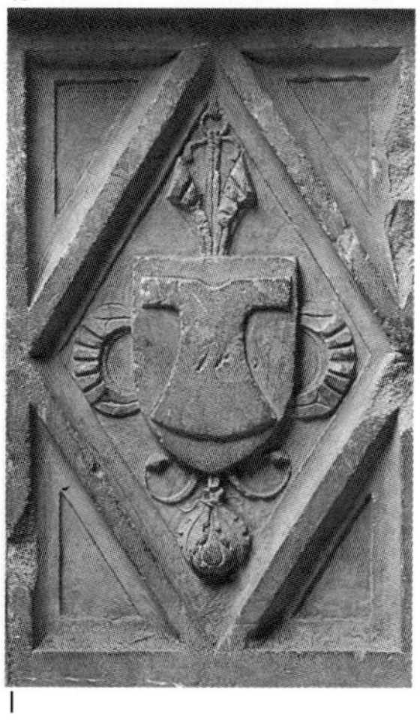

l

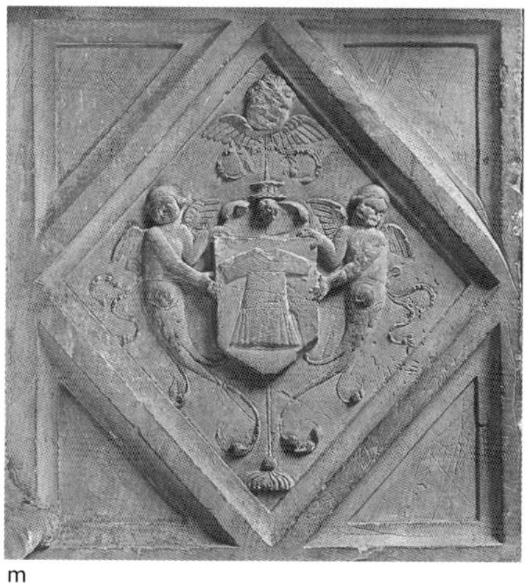

m

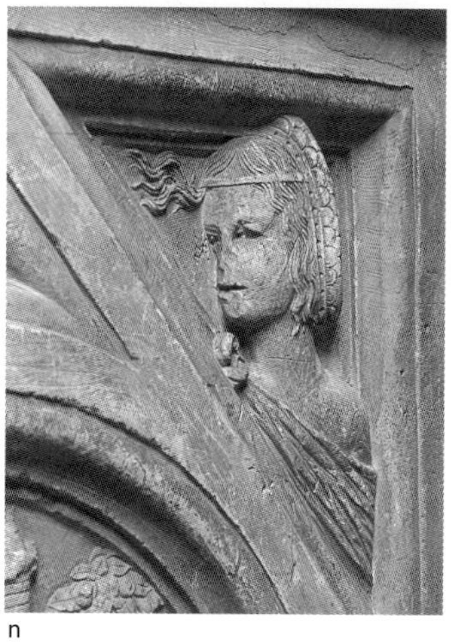

n

Cuir découpé *orné d'un mascaron aux traits à peine ébauchés et posé sur une feuille allongée (a). Troisième travée sud, première section.*

Masque de lion *tenant la chute des ornements (b). Treizième travée nord, retour droit de pilastre.*

Masque de soleil *au bout d'une hampe, au-dessus d'une hallebarde et d'une croix entrecroisées (c). Troisième travée sud, troisième section.*

Putto nu debout sur un casque, *la jambe gauche repliée (d). Neuvième travée nord, première section.*

Paire de jambières *entrecroisées et bouquets végétaux (e). Troisième travée sud, troisième section.*

Putto *grimpant le long d'une tige et ruban à décor feuillagé (f). Dixième travée nord, deuxième section.*

Putti musiciens *dans une petite architecture, dont les baies sont fermées par des volets à motif encore gothique de pli de serviette (g). Jonction des dixième et onzième travées nord.*

Chauve-souris fabuleuses *(h). Troisième travée sud, jonction des troisième et quatrième sections.*

Bucrâne *traversé par des rinceaux (i). Le bucrâne était utilisé dans l'Antiquité pour la décoration des temples, des autels et des tombeaux. Sixième travée sud, deuxième section.*

Putto tirant à l'arc *sur un oiseau déjà atteint d'une flèche et qui becquette un fruit (j). Cinquième travée sud, deuxième section.*

Dauphins de fantaisie *menés par des putti, au-dessus de frises de fruits et de coquilles (k). Onzième travée nord, première section.*

Sainte Chemise *(l). Onzième travée nord, soubassement.*

Sainte Chemise *présentée par deux génies (m). Sixième travée sud, première section, soubassement. La Sainte Chemise est devenue l'emblème du chapitre cathédral au début du XVIe siècle. Elle fait référence à la relique de la Sainte Chemise, ou Voile de la Vierge, conservée dans la cathédrale depuis le IXe siècle.*

Jeune fille *aux cheveux pris dans une résille (n). Neuvième travée nord, première section, soubassement.*

Bibliographie sommaire

Bulteau (Marcel), « *Tour du chœur* », in Monographie de la cathédrale de Chartres, T. III, Chartres, 1892, p. 132-203.

Cloulas (Ivan), *Renaissance française (Architecture, Sculpture, Peinture, Dessin)*, Paris, La Martinière, 1997.

Jusselin (Maurice), « *Introduction à l'étude du tour du chœur de la cathédrale de Chartres* », in Mémoires de la SAEL (Société Archéologique d'Eure-et-Loir), T. XXI, Chartres, SAEL, 1957-1961, p. 81-172.

Lami (Stanislas), *Dictionnaire des sculpteurs de l'école française*, Paris, T. I, 1898 ; T. II, 1906.

Mely (Fernand de), *Le Tour du chœur de la cathédrale de Chartres*, Chartres, 1891.

Thiers (Jean-Baptiste), *Dissertations ecclésiastiques, sur les Principaux Autels des Eglises, Les Jubés des Eglises. La Clôture du Chœur des Eglises*, 3 vol., Paris, A. Dezallier, 1688.

Villette (Jean), « *Le Pourtour du chœur* », in Notre-Dame de Chartres, Chartres, 1983, n° 55 ; n° 56.

Villette (Jean), « *Observations nouvelles sur la construction de la clôture du chœur de la cathédrale de Chartres et ses changements de parti* » in Mémoires de la SAEL, T. XXVIII, Chartres, SAEL, 1978-1981, p. 161-208.

Zerner (Henri), *L'Art de la Renaissance en France*, l'invention du classicisme, Paris, Flammarion, 1996.

À propos de la cathédrale

Aubert (Marcel), *La Cathédrale de Chartres*, Grenoble, Arthaud, 1957.

Favier (Jean), *L'Univers de Chartres*, Paris, Bordas, 1988.

Mâle (Émile), *Notre-Dame de Chartres*, Paris, Hartmann, 1948.

Prache (Anne), *Notre-Dame de Chartres, Image de la Jérusalem céleste*, Paris, CNRS/CNMHS, 1993.

Prache (Anne) et Lautier (Claudine), *Lumières de Chartres*, Paris, Lattès, 1989.